JN412497

말씀사랑

Love of the word

구속사적 구원관점 신앙교육 교재 1

Redemption Historical Salvation Perspective Faith Education Textbook 1

목차 [Contents]

머리말

선교지에서 가장 필요했던 것은 제자양육 교재였습니다.

혼과 영과 및 관절과 골수를 쪼개며 마음의 생각과 뜻을 감찰하는 말씀의 힘으로 생명을 세우는 교재로 새로운 신자에서 제자로 세워지기 바라면서 아직도 부족하지만 사용자로 하여금 성령께서 확실한 은혜가운데 흔들리지 않는 말씀 신앙으로 세워져서 혼탁한 세상에서 다른 복음의 유혹에 미혹되지 않도록 기도하며 엮었습니다.

이 교제는 창세기의 천지창조부터 계시록까지 구속사적 관점으로 보기 쉽고 이해하기 쉽게 제작된 신앙교육 교재입니다.

길가 밭, 돌 밭, 세상염려와 유혹과 재리의 유혹과 기타 욕심이 가득한 가시밭 같은 마음에서 말씀이 믿어지고, 생명이 되어 말씀을 듣고 지키어 결실하는 좋은 땅이 되도록 인도하시는 주님.

환란의 고비마다 말씀들은 그 아픔들을 딛고 일어서며 그 환란들이 성장의 선물로 세상을 이기는 능력으로 인도하셨습니다.

좋은 씨를 뿌리는 이는 인자요 밭은 세상이요 좋은 씨는 천국의 아들들이요 가라지는 악한 자의 아들들이요 땅이 스스로 열매를 맺되 처음에는 싹이요 다음에는 이삭이요 그 다음에는 이삭에 충실한 곡식이라.

서주향 선교사

1 천지창조

[Creation of heaven and earth]

천지창조는 하나님의 아름다운 작품입니다. 하나님은 천지 창조를 하실때 마다 보시기에 아름답다고 하셨습니다. 특히 여섯째 날에는 하나님의 형상을 닮은 인간을 만드신 후 보시기에 심히 아름답다고 하셨습니다. 우리는 하나님의 형상을 닮은 사람들입니다.

◇ 천지창조 그림안의 숫자는 아랍어로 표기됨

천지창조 6일

<table>
<tr><td colspan="4">태초에 하나님이 천지를 창조하시니라 (창 1:1)
In the beginning God created the heavens and the earth.(Gen 1:1)</td></tr>
<tr><td>1st day</td><td>빛
light</td><td>4th day</td><td>해 / 달 /별
Sun / moon / star</td></tr>
<tr><td>2nd day</td><td>궁창
expanse</td><td>5th day</td><td>새들 / 물고기
birds / fish</td></tr>
<tr><td>3th day</td><td>땅 / 바다
Land / Sea</td><td>6th day</td><td>짐승 / 가축 / 기는 생물 / 사람
beast / cattle / crawling / man</td></tr>
<tr><td colspan="4">여호와 하나님이 흙으로 사람을 지으시고 생기를 그 코에 불어 넣으시니 사람이 생령이 된지라 (창 2:7)
the LORD God formed the man from the dust of the ground and breathed into his nostrils the breath of life, and the man became a living being.(Gen 2:7)
일곱째 날은 하나님께서 쉬셨습니다.
(God rested on the seventh day.)</td></tr>
</table>

【나눔 학습】 함께 생각해 보세요!

1) 천지 만물을 누가 창조하셨습니까?

Who created all heaven and earth?

A (창 1:1 | 대하 2:12 | 시 121:1-2 | 행 17:24-25)

(Gen 1:1 | 2 Chr 2:12 | Ps 121:1-2 | Acts 17:24-25)

2) 하나님은 몇 칠 동안에 세상을 창조하셨습니까?

→ How long did God create the world?

A (창1:31) / (Gen 1:31)

3) 창조하신 첫째 날부터 여섯 째 날까지 하나님께서 창조하신 것들을 나눠 봅시다.

→ Let's talk about the God's creation from the first day to the sixth day.

A (창1:1-31) / (Gen 1:1-31)

4) 사람은 어떻게 창조하셨습니까?

→ How did God create humans?

A (창 1:27; 2:7) / (Gen 1:27 ; 2:7)

5) 여섯째 날 지으신 것들을 나눠어 봅시다.

→ Let's talk about the Sixth day what God've built.

A (창 1:24) / (Gen 1:24)

6) 에덴 동산에 흐르는 강들을 나누어 봅시다.

→ Let's talk about the rivers flowing in the Garden of Eden.

A (창 2:10 -14) / (Gen 2:10 -14)

선악과 나무와 뱀의 유혹

[Tree of good and evil and The temptation of a snake]

하나님께서는 아담과 하와에게 동산의 모든 실과는 마음대로 먹게하시되 선악과를 "먹으면 정녕 죽으리라"고 말씀하셨지만 하와는 뱀의 유혹에 이끌리어 따먹게 되고 인류는 죄를 범하고 말았습니다.

선악을 알게하는 나무의 실과는 먹지 말라 네가 먹는 날에는 정녕 죽으리라 하시니라 (창 2:17)

(Gen 2:17) :

뱀이 여자에게 이르되 너희가 결코 죽지 아니하리라 (창 3:4)

(Gen 3:4) :

여자가 그 나무를 본즉 먹음직도 하고 보암직도 하고 지혜롭게 할만큼 탐스럽기도 한 나무인지라 여자가 그 실과를 따먹고 자기와 함께한 남편에게도 주매 그도 먹은지라 (창 3:6)

(Gen 3:6) :

여호와 하나님이 뱀에게 이르시되 네가 이렇게 하였으니 네가 모든 육축과 들의 모든 짐승보다 더욱 저주를 받아 배로 다니고 종신토록 흙을 먹을지니라 (창 3:14)

(Gen 3:14) :

내가 너로 여자와 원수가 되게하고 너의 후손도 여자의 후손과 원수가 되게 하리니 여자의 후손은 네 머리를 상하게 할 것이요 너는 그의 발꿈치를 상하게 할 것이니라 하시고 (창 3:15)

(Gen 3:15) :

유다야 너는 네 형제의 찬송이 될찌라 네 손이 네 원수의 목을 잡을 것이요 네 아비의 아들들이 네 앞에 절하리로다 (창 49:8)

(Gen 49:8) :

또 여자에게 이르시되 내가 네게 잉태하는 고통을 크게 더하리니 네가 수고하고 자식을 낳을 것이며 너는 남편을 사모하고 남편은 너를 다스릴 것이니라 하시고 (창 3:16)

(Gen 3:16) :

아담에게 이르시되 네가 네 아내의 말을 듣고 내가 너더러 먹지 말라한 나무 실과를 먹었은즉 땅은 너로 인하여 저주를 받고 너는 종신토록 수고하여야 그 소산을 먹으리라 (창 3:17)
(Gen 3:17) :

땅이 네게 가시덤불과 엉겅퀴를 낼 것이라 너의 먹을 것은 밭의 채소인즉 (창 3:18)
(Gen 3:18) :

네가 얼굴에 땀이 흘러야 식물을 먹고 필경은 흙으로 돌아 가리니 그 속에서 네가 취함을 입었음이라 너는 흙이니 흙으로 돌아갈 것이니라 하시니라 (창 3:19)
(Gen 3:19) :

여호와 하나님이 아담과 그 아내를 위하여 가죽옷을 지어 입히시니라 (창 3:21)
(Gen 3:21) :

【나눔 학습】 함께 생각해 보세요!

1) 여호와 하나님께서 먹지 말라고 하신 것은 무엇입니까?
What did the Lord God say not to eat?

A (창2:17) / (Gen 2:17)

2) 누가 처음 뱀에게 유혹되어 열매를 먹었습니까?

Who was the first to be tempted by the serpent and ate the fruit?

A (창 3:6) / (Gen 3:6)

3) 선과 악을 아는 열매를 먹은 후 하나님께서 아담에게 내린 벌은 무엇인가요?

What is the punishment that God gave Adam after eating the fruit of good and evil?

A (창 3:17-19) / (Gen 3:17-19)

4) 선과 악을 아는 열매를 먹은 후 하나님께서 하와에게 내린 벌은 무엇인가요?

What is the punishment that God gave Eve after eating the fruit of good and evil?

A (창 3:16) / (Gen 3:16)

5) 선과 악을 아는 열매를 먹은 후 하나님께서 뱀에게 내린 벌은 무엇인가요?

What is the punishment that God gave to the serpent after eating the fruit of good and evil?

A (창 3:13,15) / (Gen 3:13,15)

6) 벌거벗어 부끄러움을 알게 된 아담과 하와에게 입혀준 것은 무엇인가요?

What did God put on Adam and Eve, who knew naked shame?

A (창 3:21) / (Gen 3:21)

족보(Genealogy)

아담	(B.C 4026)	Adam
셋	(B.C 3896)	Seth
에노스	(B.C 3791)	Enosh
게난	(B.C 3701)	Kenan
마할랄렐	(B.C 3631)	Mahalalel
야렛	(B.C 3566)	Jared
에녹	(B.C 3406)	Enoch
므드셀라	(B.C 3339)	Methuselah
라멕	(B.C 3152)	Lamech
노아	(B.C 2970)	Noah
셈 함 야벳	(B.C 2470)	Shem Ham Japheth

3 노아(600세) 홍수재앙

[Noah(600 years old) flood disaster]

사람의 마음에 생각하는 모든 계획이 항상 악한 것뿐임을 보시고 땅 위에 사람을 지으셨음을 후회하시며 마음 아파하셨습니다. 그러나 노아만은 하나님께 은혜를 입었습니다.

때에 온 땅이 하나님 앞에 패괴하여 강포가 땅에 충만한지라 (창 6:11)
(Gen 6:11) :

내가 홍수를 땅에 일으켜 무릇 생명의 기식 있는 육체를 천하에서 멸절하리니 땅에 있는 자가 다 죽으리라 (창 6:17)
(Gen 6:17) :

그러나 너와는 내가 내 언약을 세우리니 너는 네 아들들과 네 아내와 네 자부들과 함께 그 방주로 들어가고 (창 6:18)
(Gen 6:18) :

혈육 있는 모든 생물을 너는 각기 암 수 한쌍씩 방주로 이끌어 들여 너와 함께 생명을 보존케 하되 (창 6:19)
(Gen 6:19) :

새가 그 종류대로, 육축이 그 종류대로, 땅에 기는 모든 것이 그 종류대로 각기 둘씩 네게로 나아오리니 그 생명을 보존케 하라 (창 6:20)
(Gen 6:20) :

여호와께서 노아에게 이르시되 너와 네 온 집은 방주로 들어가라 네가 이 세대에 내 앞에서 의로움을 내가 보았음이니라 (창 7:1)
(Gen 7:1) :

너는 잣나무로 너를 위하여 방주를 짓되 그 안에 간들을 막고 역청으로 그 안팎에 칠하라 (창 6:14)
(Gen 6:14) :

들어간 것들은 모든 것의 암 수라 하나님이 그에게 명하신대로 들어가매 여호와께서 그를 닫아 넣으시니라 (창 7:16)
(Gen 7:16) :

노아 육백세 되던 해 이월 곧 그 달 십칠일이라 그 날에 큰 깊음의 샘들이 터지며 하늘의 창들이 열려 사십 주야를 비가 땅에 쏟아졌더라
(창 7:11-12)
(Gen 7:11-12) :

물이 일백 오십일을 땅에 창일하였더라 (창 7:24)
(Gen 7:24) :

【나눔 학습】 함께 생각해 보세요!

1) 하나님께서 홍수로 생명의 기운이 있는 모든 육체를 천하에서 멸절 하신 이유를 함께 나누어요.
Let's talk about the reason why Lord will annihilate all the bodies of life with a flood from under heaven.

A (창 6:12) / (Gen 6:12)

2) 노아를 선택 하셔셔 방주를 지으라고 하신 이유에 대해 나누어요.
Let's talk about the Select the Noah, and tell him why you asked him to build the ark.

A (창 6:9; 7:1) / (Gen 6:9; 7:1)

3) 방주는 몇 층으로 지어졌나요?
How many floors was built in the ark?

A (창 6:16) / (Gen 6:16)

4) 방주 안으로 들어간 사람들은 누구입니까?

→ Who are the people entered the ark?

A (창 6:18) / (Gen 6:18)

5) 방주 안으로 들어간 것들은 무엇입니까?

→ What is going into the ark?

A (창 6:19-20) / (Gen 6:19-20)

6) 방주안에서 먹을 식량은 무엇입니까?

→ What is the food to eat in the ark?

A (창 6:21) / (Gen 6:21)

7) 노아가 방주에 들어간 때는 언제인가요?

→ When did Noah enter the ark?

A (창 7:11) / (Gen 7:11)

8) 얼마 동안 비가 내려습니까?

→ How long did it rain?

A (창 7:12) / (Gen 7:12)

4 방주에서 나오다

[Coming out of the ark]

하나님께서는 노아와 그와 함께 방주에 있는 모든 들짐승과 가축을 기억하셔서 바람을 땅 위에 불게 하시매 물이 줄어들었고 깊음의 샘과 하늘의 창문이 닫히고 하늘에서 비가 그치게 하셨습니다.

물이 점점 감하여 시월 곧 그달 일일에 산들의 봉우리가 보였더라 (창 8:5)
(Gen 8:5) :

사십일을 지나서 노아가 그 방주에 지은 창을 열고 까마귀를 내어 놓으매 까마귀가 물이 땅에서 마르기까지 날아 왕래하였더라 (창 8:6-7)
(Gen 8:6-7) :

저녁때에 비둘기가 그에게로 돌아왔는데 그 입에 감람 새 잎사귀가 있는지라 이에 노아가 땅에 물이 감한줄 알았으며 (창 8:11)
(Gen 8:11) :

육백 일년 정월 곧 그 달 일일에 지면에 물이 걷힌지라 노아가 방주 뚜껑을 제치고 본즉 지면에 물이 걷혔더니 (창 8:13)
(Gen 8:13) :

땅위의 동물 곧 모든 짐승과 모든 기는 것과 모든 새도 그 종류대로 방주에서 나왔더라 (창 8:19)
(Gen 8:19) :

노아가 여호와를 위하여 단을 쌓고 모든 정결한 짐승 중에서와 모든 정결한 새 중에서 취하여 번제로 단에 드렸더니 (창 8:20)
(Gen 8:20) :

여호와께서 그 향기를 흠향하시고 그 중심에 이르시되 내가 다시는 사람으로 인하여 땅을 저주하지 아니하리니 이는 사람의 마음의 계획하는 바가 어려서부터 악함이라 내가 전에 행한 것 같이 모든 생물을 멸하지 아니하리니 (창 8:21)
(Gen 8:21) :

족보(Genealogy)
(창 5:1-32) (Gen 5:1-32)
아담(Adom)
셋(Seth)
에노스(Enosh)
게난(Cainain)
마할랄렐(Mahalalel)
야렛(Jared)
에녹(Enoch)
므드셀라(Methuselh)
라멕(Lamech)
노아(Noah)
(창 10:21-31) (Gen 10:21-31)
셈(Shem)
아르박삿(Arphaxad)
셀라(Shelah)
에벨(Ebel)
벨렉(Bellech)
르우(Reu)
스룩(Serok)
나홀(Nahor)
데라(Terah)
아브라함(Abraham)
족장시대 : 아브라함 - 이삭 - 야곱 - 요셉의 시대
Patriarchal period : Abraham - Isaac - Jacbo - Joseph

【나눔 학습】 함께 생각해 보세요!

1) 노아가 방주에서 나와서 가장 먼저 한 일을 나눠보아요.

Let's talk about first thing that Noah did after coming out from the ark.

A (창 8:20) / (Gen 8:20)

2) 노아가 방주에서 나와서 제사드린 제물에 대해 나누어요.

Let's talk about the sacrifice offered that Noah did after coming out of the ark.

A (창 8:20) / (Gen 8:20)

3) 여호와께서 인류에게 다시는 홍수로 멸망시키지 않으신다는 표징은 무엇일까요?

What is the sign that Lord will not destroy mankind again in the Flood?]

A (창 9:13) / (Gen 9:13)

4) 여호와 하나님은 세상 사람들의 마음의 계획이 어떻다고 했는지 나눠보세요.

Let's talk about Jehovah God's words that he've said about human's plan.

A (창 8:21) / (Gen 8:21)

5 아브라함과 약속

[Promise with Abraham]

하나님께서는 뜻을 실행하기 위하여 아브라함을 선택하시고 고향 그의 친척집을 떠나라는 지시를 하시고 열국의 아비가 될 것이라고 약속하시며 믿음과 신실한 신앙의 모본이 되도록 계획하셨습니다.

내가 너로 큰 민족을 이루고 네게 복을 주어 네 이름을 창대케 하리니 너는 복의 근원이 될찌라 (창 12:2)

(Gen 12:2) :

너를 축복하는 자에게는 내가 복을 내리고 너를 저주하는 자에게는 내가 저주하리니 땅의 모든 족속이 너를 인하여 복을 얻을 것이니라 하신지라 (창 12:3)

(Gen 12:3) :

아브람이 엎드린대 하나님이 또 그에게 일러 가라사대 (창 17:3)

(Gen 17:3) :

내가 너와 내 언약을 세우니 너는 열국의 아비가 될찌라 (창 17:4)

(Gen 17:4) :

이제 후로는 네 이름을 아브람이라 하지 아니하고 아브라함이라 하리니 이는 내가 너로 열국의 아비가 되게 함이니라 (창 17:5)

(Gen 17:5) :

내가 너로 심히 번성케 하리니 나라들이 네게로 좇아 일어나며 열왕이 네게로 좇아 나리라 (창 17:6)

(Gen 17:6) :

내가 내 언약을 나와 너와 네 대대 후손의 사이에 세워서 영원한 언약을 삼고 너와 네 후손의 하나님이 되리라 (창 17:7)

(Gen 17:7) :

내가 너와 네 후손에게 너의 우거하는 이 땅 곧 가나안 일경으로 주어 영원한 기업이 되게 하고 나는 그들의 하나님이 되리라 (창 17:8)

(Gen 17:8) :

하나님이 또 아브라함에게 이르시되 네 아내 사래는 이름을 사래라 하지 말고 그 이름을 사라라 하라 (창 17:15)
(Gen 17:15) :

내가 그에게 복을 주어 그로 네게 아들을 낳아주게 하며 내가 그에게 복을 주어 그로 열국의 어미가 되게 하리니 민족의 열왕이 그에게서 나리라 (창 17:16)
(Gen 17:16) :

이스마엘에게 이르러는 내가 네 말을 들었나니 내가 그에게 복을 주어 생육이 중다하여 그로 크게 번성케 할찌라 그가 열 두 방백을 낳으리니 내가 그로 큰 나라가 되게 하려니와 (창 17:20)
(Gen 17:20) :

가로되 자식의 죽는 것을 참아 보지 못하겠다 하고 살 한 바탕쯤 가서 마주 앉아 바라보며 방성대곡하니 (창 21:16)
(Gen 21:6) :

하나님이 그 아이의 소리를 들으시므로 하나님의 사자가 하늘에서부터 하갈을 불러 가라사대 하갈아 무슨 일이냐 두려워 말라 하나님이 저기 있는 아이의 소리를 들으셨나니 (창 21:17)
(Gen 21:17) :

일어나 아이를 일으켜 네 손으로 붙들라 그로 큰 민족을 이루게 하리라 하시니라 (창 21:18)
(Gen 21:18) :

하나님이 하갈의 눈을 밝히시매 샘물을 보고 가서 가죽부대에 물을 채워다가 그 아이에게 마시웠더라 (창 21:19)
(Gen 21:19) :

하나님이 그 아이와 함께 계시매 그가 장성하여 광야에 거하며 활 쏘는 자가 되었더니 (창 21:20)
(Gen 21:20) :

그 일 후에 하나님이 아브라함을 시험하시려고 그를 부르시되 아브라함아 하시니 그가 가로되 내가 여기 있나이다 (창 22:1)
(Gen 22:1) :

여호와께서 가라사대 네 아들 네 사랑하는 독자 이삭을 데리고 모리아 땅으로 가서 내가 네게 지시하는 한 산 거기서 그를 번제로 드리라 (창 22:2)
(Gen 22:2) :

하나님이 그에게 지시하신 곳에 이른지라 이에 아브라함이 그곳에 단을 쌓고 나무를 벌여놓고 그 아들 이삭을 결박하여 단 나무 위에 놓고 (창 22:9)
(Gen 22:9) :

손을 내밀어 칼을 잡고 그 아들을 잡으려 하더니 (창 22:10)
(Gen 22:10) :

사자가 가라사대 그 아이에게 네 손을 대지 말라 아무 일도 그에게 하지 말라 네가 네 아들 네 독자라도 내게 아끼지 아니하였으니 내가 이제야 네가 하나님을 경외하는 줄을 아노라 (창 22:12)
(Gen 22:12) :

아브라함이 눈을 들어 살펴본즉 한 수양이 뒤에 있는데 뿔이 수풀에 걸렸는지라 아브라함이 가서 그 수양을 가져다가 아들을 대신하여 번제로 드렸더라 (창 22:13)
(Gen 22:13) :

가라사대 여호와께서 이르시기를 내가 나를 가리켜 맹세하노니 네가 이같이 행하여 네 아들 네 독자를 아끼지 아니하였은즉 (창 22:16)
(Gen 22:16) :

내가 네게 큰 복을 주고 네 씨로 크게 성하여 하늘의 별과 같고 바닷가의 모래와 같게 하리니 네 씨가 그 대적의 문을 얻으리라 (창 22:17)
(Gen 22:17) :

또 네 씨로 말미암아 천하 만민이 복을 얻으리니 이는 네가 나의 말을 준행하였음이니라 하셨다 하니라 (창 22:18)
(Gen 22:18) :

그러므로 믿음으로 말미암은 자는 믿음이 있는 아브라함과 함께 복을 받느니라 (갈 3:9)
(Gal 3:9) :

그리스도께서 우리를 위하여 저주를 받은바 되사 율법의 저주에서 우리를 속량하셨으니 기록된바 나무에 달린 자마다 저주 아래 있는 자라 하였음이라 (갈 3:13)
(Gal 3:13) :

이는 그리스도 예수 안에서 아브라함의 복이 이방인에게 미치게 하고 또 우리로 하여금 믿음으로 말미암아 성령의 약속을 받게 하려 함이니라 (갈 3:14)
(Gal 3:14) :

누구든지 그리스도와 합하여 세례를 받은 자는 그리스도로 옷입었느니라 (갈 3:27)
(Gal 3:27) :

너희는 유대인이나 헬라인이나 종이나 자주자나 남자나 여자 없이 다 그리스도 예수 안에서 하나이니라 (갈 3:28)
(Gal 3:28) :

너희가 그리스도께 속한 자면 곧 아브라함의 자손이요 약속대로 유업을 이을 자니라 (갈 3:29)
(Gal 3:29) :

【나눔 학습】 함께 생각해 보세요!

1) 내가 너로 ( )을 이루고 네게 복을 주어 ( ) 창대하게 하리니 너는 복이 될지라.

→ And I will make of thee ( )and I will bless thee and make ( ) great and be thou a blessing.

A (창 12:2) / (Gen 12:2)

2) 아브라함이 하란을 떠날갈 때 나이는 몇 살 인가요?

→ At what age did Abraham leave Haran?

A (창 12:4) / (Gen 12:4)

3) 아브라함이라는 이름의 뜻은 무엇인가요?

→ What does the name Abraham mean?

A (창 17:5) / (Gen 17:5)

4) 아브라함이 이삭을 번제로 드리려 했던 산 이름은?

→ What is the name of the mountain that Abraham tried to give Isaac a burnt offering?

A (창 22:2) / (Gen 22:5)

5) 내가 네게 큰 복을 주고 네 씨가 크게 번성하여 하늘의 별과 같고 바닷가의 모래와 같게 하리니 네 씨가 그 대적의 성문을 차지하리라는 복을 받게 된 동기를 나눠보세요.

Let's talk about the Abraham motives for being blessed, what I will give you a great blessing, and your seed will multiply greatly, like the stars of heaven, like the sand on the seashore; your seed will occupy the gates of his enemies.

A (창 22:16) / (Gen 22:16)

6) 이는 그리스도 예수 안에서 ( )의 복이 ( )에게 미치게 하고 또 우리로 하여금 믿음으로 말미암아 ( )의 약속을 받게 하려 함이라.

in order that in Christ Jesus the blessing of ( ) might come to the ( ), so that we would receive the promise of the ( ) through faith.

A (갈 3:14) / (Gal 3:14)

6 모세의 율법과 제사
[The law and sacrifice of Moses]

하나님께서 모세를 통하여서 율법을 정해주시고 매년 속죄일에 소나 양을 잡아서 사람의 죄를 위한 속죄제사를 드렸습니다. 신약시대에는 예수님께서 유월절 어린양으로 십자가에 돌아가셔서 영원한 속죄를 하셨습니다.

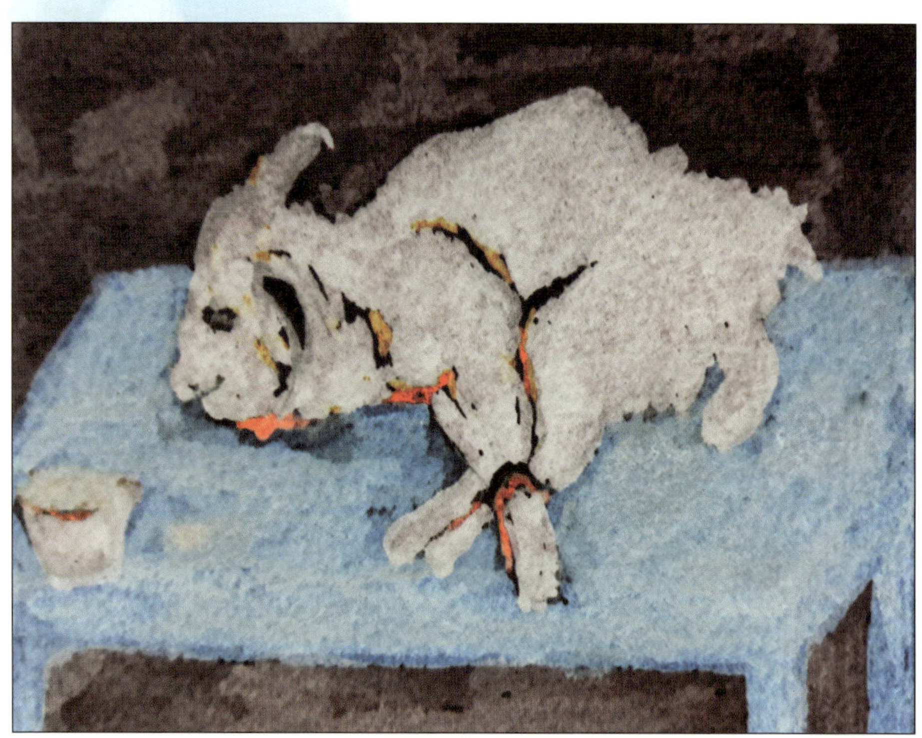

여호와께서 회막에서 모세를 부르시고 그에게 일러 가라사대 (레 1:1)
(Lev 1:1) :

이스라엘 자손에게 고하여 이르라 너희 중에 누구든지 여호와께 예물을 드리려거든 생축 중에서 소나 양으로 예물을 드릴찌니라 (레 1:2)
(Lev 1:2) :

아론은 여호와를 위하여 제비 뽑은 염소를 속죄제로 드리고 (레 16:9)
(Lev 16:9) :

아사셀을 위하여 제비 뽑은 염소는 산대로 여호와 앞에 두었다가 그것으로 속죄하고 아사셀을 위하여 광야로 보낼찌니라 (레 16:10)
(Lev 16:10) :

또 백성을 위한 속죄제 염소를 잡아 그 피를 가지고 장 안에 들어가서 그 수송아지 피로 행함 같이 그 피로 행하여 속죄소 위와 속죄소 앞에 뿌릴찌니 (레 16:15)
(Lev 16:15) :

아론은 두 손으로 산 염소의 머리에 안수하여 이스라엘 자손의 모든 불의와 그 범한 모든 죄를 고하고 그 죄를 염소의 머리에 두어 미리 정한 사람에게 맡겨 광야로 보낼찌니 (레 16:21)
(Lev 16:21) :

염소가 그들의 모든 불의를 지고 무인지경에 이르거든 그는 그 염소를 광야에 놓을찌니라 (레 16:22)
(Lev 16:22) :

육체의 생명은 피에 있음이라 내가 이 피를 너희에게 주어 단에 뿌려 너희의 생명을 위하여 속하게 하였나니 생명이 피에 있으므로 피가 죄를 속하느니라 (레 17:11)
(Lev 17:11) :

그가 찔림은 우리의 허물을 인함이요 그가 상함은 우리의 죄악을 인함이라 그가 징계를 받음으로 우리가 평화를 누리고 그가 채찍에 맞음으로 우리가 나음을 입었도다 (사 53:5)

(Isa 53:5) :

이사야는 대략 20세의 나이에 선지자로 소명을 받은 것으로 여겨지며 (사 6:1-8) 유다 왕 웃시야, 요담, 아하스, 히스기야 등 4대에 걸쳐 약 60년 동안 유다 그중에서도 특히 예루살렘을 중심으로 활동했다.
Isaiah is called to be a prophet at the age of about 20 years(Isa 6:1-8). In the four generations of Uzziah, Jotham, Ahaz and Hezekiah king of Judah for about 60 years, especially in Jerusalem did.

(B.C. 739-680). 이사야는 선지자 아모스,호세아, 미가와 동시대에 활약했고 (호 1:1; 암 1:1), 이사야서를 기록했다. 궁중 선지자 혹은 모든 선지자 중에 대선지자, 예언자의 왕 등으로 불려진다.
(B.C. 739-680). Isaiah was active with the prophets Amos, Hosea, and Micah (Hos 1:1; Amos 1:1) and recorded Isaiah. It is called “the court prophet” or “the great prophet” or “the king of the prophets” among all the prophets.

【나눔 학습】 함께 생각해 보세요!

1) 이스라엘 자손에게 말하여 이르라 너희 중에 누구든지 여호와께 예물을 드리려거든 가축 중에서 무엇과 무엇으로 예물을 드리라고 하였나요?
If the sons of Israel offered gifts to God, what cattle would they offer sacrifices?

A (레 1:2) / (Lev 1:2)

2) 아론은 여호와를 위하여 제비 뽑은 (   )를 (   )로 드리고

And Aaron shall present the (   ) upon which the lot fell for Jehovah and offer him for a (   ).

A (레 16:9) / (Lev 16:9)

3) (   )을 위하여 제비 뽑은 (   )는 산 채로 여호와 앞에 두었다가 그것으로 (   )하고 아사셀을 위하여 광야로 보낼지니라.

But the (   ), on which the lot fell for (   ), shall be set alive before Jehovah, to make (   )for him, to send him away for Azazel into the wilderness.

A (레 16:10) / (Lev 16:10)

4) 또 백성을 위한 (   )를 잡아 그 피를 가지고 장 안에 들어가서 그 (   )로 행함 같이 그 피로 행하여 (   ) 위와 (   ) 앞에 뿌릴찌니

Then shall he kill the (   ) that is for the people, and bring his blood within the veil, and do with his blood as he did with the (   ) and sprinkle it upon the (   ), and before the (   ).

A (레 16:15) / (Lev 16:15)

5) 육체의 생명은 어디에 있나요?

Where is the life of the flesh?

A (레 17:11) / (Lev 17:11)

7 예수 그리스도의 속죄 제물
[Atoning sacrifice of Jesus Christ)]

구약에서 유월절 날 율법으로 드리던 어린양 대신 예수님께서 속죄제물로 십자가에서 피를 흘리어 죽으셔서 우리 죄를 속죄해주시는 재물이 되어 주셨습니다.

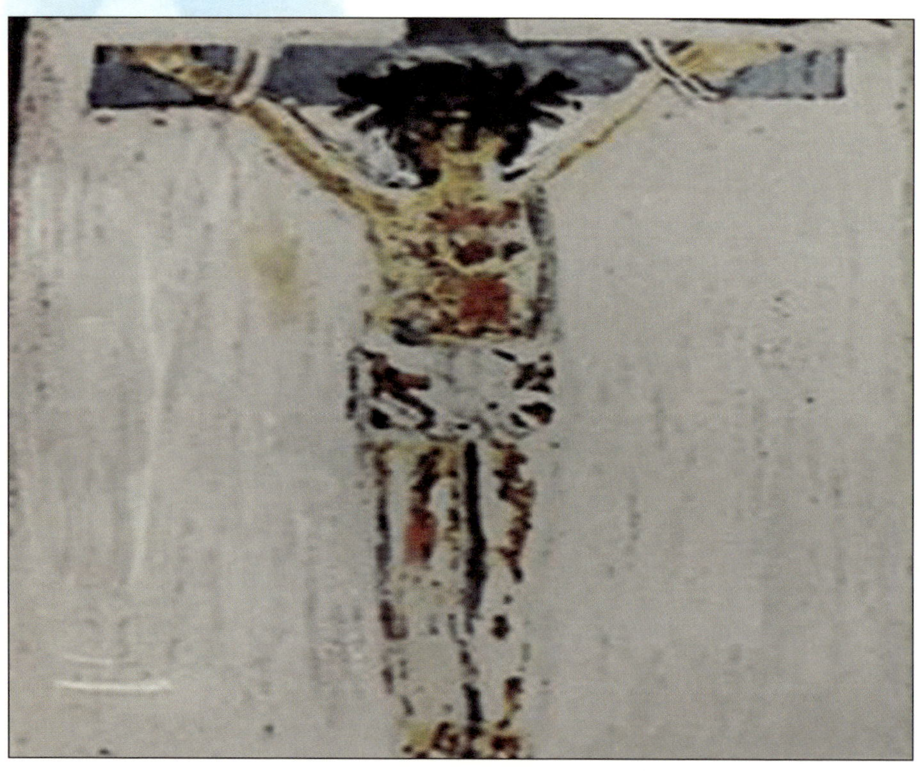

이튿날 요한이 예수께서 자기에게 나아오심을 보고 가로되 보라 세상 죄를 지고 가는 하나님의 어린 양이로다 (요 1:29)

(Jh 1:29) :

예수의 다니심을 보고 말하되 보라 하나님의 어린 양이로다 (요 1:36)

(Jh 1:36) :

이방인들에게 넘겨주어 그를 능욕하며 채찍질하며 십자가에 못 박게 하리니 제 삼일에 살아나리라 (마 20:19)

(Mat 20:19) :

우리 대제사장들과 관원들이 사형 판결에 넘겨주어 십자가에 못 박았느니라 (눅 24:20)

(Lk 24:20) :

하나님이 세상을 이처럼 사랑하사 독생자를 주셨으니 이는 저를 믿는 자마다 멸망치 않고 영생을 얻게 하려 하심이니라 (요 3:16)

(Jh 3:16) :

염소와 송아지의 피로 아니하고 오직 자기 피로 영원한 속죄를 이루사 단번에 성소에 들어 가셨느니라 (히 9:12)

(Heb 9:12) :

한번 죽는 것은 사람에게 정하신 것이요 그 후에는 심판이 있으리니 (히 9:27)

(Heb 9:27) :

사랑은 여기 있으니 우리가 하나님을 사랑한 것이 아니요 오직 하나님이 우리를 사랑하사 우리 죄를 위하여 화목제로 그 아들을 보내셨음이니라 (요일 4:10)

(1 Jh 4:10) :

영접하는 자 곧 그 이름을 믿는 자들에게는 하나님의 자녀가 되는 권세를 주셨으니 (요 1:12)

(Jh 1:12) :

이는 혈통으로나 육정으로나 사람의 뜻으로 나지 아니하고 오직 하나님께로서 난 자들이니라 (요 1:13)

(Jh 1:13) :

율법은 모세로 말미암아 주신 것이요 은혜와 진리는 예수 그리스도로 말미암아 온 것이라 (요 1:17)

(Jh 1:17) :

그리스도께서 우리를 위하여 저주를 받은바 되사 율법의 저주에서 우리를 속량하셨으니 기록된바 나무에 달린 자마다 저주 아래 있는 자라 하였음이라 (갈 3:13)

(Gal 3:13) :

모든 사람이 죄를 범하였으매 하나님의 영광에 이르지 못하더니 (롬 3:23)

(Rom 3:23) :

이 예수를 하나님이 그의 피로 인하여 믿음으로 말미암는 화목 제물로 세우셨으니 이는 하나님께서 길이 참으시는 중에 전에 지은 죄를 간과하심으로 자기의 의로우심을 나타내려 하심이니 (롬 3:25)

(Rom 3:25) :

곧 이 때에 자기의 의로우심을 나타내사 자기도 의로우시며 또한 예수 믿는 자를 의롭다 하려 하심이니라 (롬 3:26)

(Rom 3:26) :

우리 주께서 유다로 좇아 나신 것이 분명하도다 이 지파에는 모세가 제사장들에 관하여 말한 것이 하나도 없고 (히 7:14)

(Heb 7:14) :

멜기세덱과 같은 별다른 한 제사장이 일어난 것을 보니 더욱 분명하도다 (히 7:15)

(Heb 7:15) :

그는 육체에 상관된 계명의 법을 좇지 아니하고 오직 무궁한 생명의 능력을 좇아 된 것이니 (히 7:16)

(Heb 7:16) :

예수는 영원히 계시므로 그 제사 직분도 갈리지 아니하나니 (히 7:24)

(Heb 7:24) :

그러므로 자기를 힘입어 하나님께 나아가는 자들을 온전히 구원하실 수 있으니 이는 그가 항상 살아서 저희를 위하여 간구하심이니라 (히 7:25)

(Heb 7:25) :

이러한 대제사장은 우리에게 합당하니 거룩하고 악이 없고 더러움이 없고 죄인에게서 떠나 계시고 하늘보다 높이 되신 자라 (히 7:26)

(Heb 7:26) :

저가 저 대제사장들이 먼저 자기 죄를 위하고 다음에 백성의 죄를 위하여 날마다 제사 드리는 것과 같이 할 필요가 없으니 이는 저가 단번에 자기를 드려 이루셨음이니라 (히 7:27)

(Heb 7:27) :

율법은 약점을 가진 사람들을 제사장으로 세웠거니와 율법 후에 하신 맹세의 말씀은 영원히 온전케 되신 아들을 세우셨느니라 (히 7:28)

(Heb 7:28) :

율법을 좇아 거의 모든 물건이 피로써 정결케 되나니 피흘림이 없은즉 사함이 없느니라 (히 9:22)
(Heb 9:22) :

그리하면 그가 세상을 창조할 때부터 자주 고난을 받았어야 할 것이로되 이제 자기를 단번에 제사로 드려 죄를 없게 하시려고 세상 끝에 나타나셨느니라 (히 9:26)
(Heb 9:26) :

【나눔 학습】 함께 생각해 보세요!

1) 이튿날 요한이 예수께서 자기에게 나아오심을 보고 가로되 보라 세상 (　　　)를 지고 가는 하나님의 (　　　)이로다.
On the morrow he seeth Jesus coming unto him, and saith, Behold, the (　　　) of God, that taketh away the (　　　) of the world!

A (요 1:29) / (Jn 1:29)

2) (　　　)와 (　　　)의 (　　　)로 하지 아니하고 오직 자기의 피로 (　　　)를 이루사 단번에 성소에 들어가셨느니라.
nor yet through the (　　　)of (　　　) and (　　　), but through his own blood, entered in once for all into the holy place, having obtained (　　　) eternal redemption.

A (히 9:12) / (Heb 9:12)

3) 예수님은 구약의 어느 지파를 통하여 나오셨는지 나눠보세요.

Tell us which tribe of the Old Testament Jesus came through.

A (히 7:14) / (Heb 7:14)

4) 그리하면 그가 세상을 창조할 때부터 자주 고난을 받았어야 할 것이로되 이제 자기를 단번에 제사로 드려 ( )를 없게 하시려고 ( )에 나타나셨느니라.

else must he often have suffered since the foundation of the world: but now once at the ( ) hath he been manifested to put away ( ) by the sacrifice of himself.

A (히 9:26) / (Heb 9:26)

예수님 부활의 첫 열매
[The first fruits of Jesus` resurrection]

죽은자 가운데서 사흘만에 살아나셔서 예수님은 부활의 첫 열매가 되셨습니다. 우리 또한 하나님의 마지막 나팔 소리에 홀연히 썩을 우리 몸도 신령한 몸으로 예수님처럼 부활하게 됩니다.

예수는 우리 범죄함을 위하여 내어줌이 되고 또한 우리를 의롭다 하심을 위하여 살아나셨느니라 (롬 4:25)

(Rom 4:25) :

내가 받은 것을 먼저 너희에게 전하였노니 이는 성경대로 그리스도께서 우리 죄를 위하여 죽으시고 (고전 15:3)

(1 Cor 15:3) :

장사 지낸 바 되셨다가 성경대로 사흘 만에 다시 살아나사 (고전 15:4)

(1 Cor 15:4) :

게바에게 보이시고 후에 열 두 제자에게와 (고전 15:5)

(1 Cor 15:5) :

그 후에 오백여 형제에게 일시에 보이셨나니 그 중에 지금까지 태반이나 살아 있고 어떤이는 잠들었으며 (고전 15:6)

(1 Cor 15:6) :

그리스도께서 죽은 자 가운데서 다시 살아나셨다 전파되었거늘 너희 중에서 어떤이들은 어찌하여 죽은 자 가운데서 부활이 없다 하느냐 (고전 15:12)

(1 Cor 15:12) :

만일 죽은 자의 부활이 없으면 그리스도도 다시 살지 못하셨으리라 (고전 15:13)

(1 Cor 15:13) :

그러나 이제 그리스도께서 죽은 자 가운데서 다시 살아 잠자는 자들의 첫 열매가 되셨도다 (고전 15:20)

(1 Cor 15:20) :

사망이 사람으로 말미암았으니 죽은 자의 부활도 사람으로 말미암는도다 (고전 15:21)

(1 Cor 15:21) :

아담 안에서 모든 사람이 죽은것 같이 그리스도 안에서 모든 사람이 삶을 얻으리라 (고전 15:22)

(1 Cor 15:22) :

보라 내가 너희에게 비밀을 말하노니 우리가 다 잠잘 것이 아니요 마지막 나팔에 순식간에 홀연히 다 변화하리니 (고전 15:51)

(1 Cor 15:51) :

나팔 소리가 나매 죽은 자들이 썩지 아니할 것으로 다시 살아나고 우리도 변화되리라 (고전 15:52)

(1 Cor 15:52) :

이 썩을 것이 불가불 썩지 아니할 것을 입겠고 이 죽을 것이 죽지 아니함을 입으리로다 (고전 15:53)

(1 Cor 15:53) :

그가 만물을 자기에게 복종케 하실 수 있는 자의 역사로 우리의 낮은 몸을 자기 영광의 몸의 형체와 같이 변케 하시리라 (빌 3:21)

(Phil 3:21) :

이를 기이히 여기지 말라 무덤 속에 있는 자가 다 그의 음성을 들을 때가 오나니 (요 5:28)

(Jn 5:28) :

선한 일을 행한 자는 생명의 부활로, 악한 일을 행한 자는 심판의 부활로 나오리라 (요 5:29)

(Jn 5:29) :

【나눔 학습】 함께 생각해 보세요!

1) 예수는 우리 (　　　) 함을 위하여 내어줌이 되고 또한 우리를 (　　　) 하심을 위하여 살아 나셨느니라.

→ who was delivered up for our (　　), and was raised for our (　　).

A (롬 4:25) / (Rom 4:25)

2) 장사 지낸 바 되었다가 (　　　)대로 (　　　)만에 다시 살아나사

→ and that he was buried; and that he hath been raised on the (　　　) according to the (　　　).

A (고전 15:4) / (1 Cor 15:4)

3) (　　　) 안에서 모든 사람이 죽은 것 같이 (　　　)안에서 모든 사람이 삶을 얻으리라.

→ For as in (　　　) all die, so also in (　　　) shall all be mad alive.

A (고전 15:22) / (1 Cor 15:22)

4) (　　　)이 사람으로 말미암았으니 죽은 자의 (　　　)도 사람으로 말미암는도다.

→ For since by man came(　　　), by man came also the (　　　) of the dead.

A (고전 15:21) / (1 Cor 15:21)

5) 그는 만물을 자기에게 복종하게 하실 수 있는 자의 역사로 우리의 (   ) 을 자기 (   )와 같이 변하게 하시리라.

who shall fashion anew the (   ), [that it may be] conformed to the (   ), according to the working whereby he is able even to subject all things unto himself.

A (빌 3:21) / (Phil 3:21)

9 선택됨과 생명얻는 회개

[Selected And Repent of Life]

예수님안에서 하나님의 자녀로 선택받은 사람은 회개하여 죄사함을 받고 성령을 선물로 받으며 생명얻는 회개로서 거듭나며 영원한 나라에 초대되어 갈 수 있도록 정결하고 희게 되어집니다.

그 때에 세례 요한이 이르러 유대 광야에서 전파하여 가로되 (마 3:1)
(Mat 3:1) :

회개하라 천국이 가까이 왔느니라 하였으니 (마 3:2)
(Mat 3:2) :

세례 요한이 이르러 광야에서 죄 사함을 받게 하는 회개의 세례를 전파하니 (막 1:4)
(Mk 1:4) :

이는 곧 선지자 요엘로 말씀하신 것이니 일렀으되 (행 2:16)
(Acts 2:16) :

또 내가 위로 하늘에서는 기사와 아래로 땅에서는 징조를 베풀리니 곧 피와 불과 연기로다 (행 2:19)
(Acts 2:19) :

주의 크고 영화로운 날이 이르기 전에 해가 변하여 어두워지고 달이 변하여 피가 되리라 (행 2:20)
(Acts 2:20) :

누구든지 주의 이름을 부르는 자는 구원을 얻으리라하였느니라 (행 2:21)
(Acts 2:21) :

베드로가 가로되 너희가 회개하여 각각 예수 그리스도의 이름으로 세례를 받고 죄 사함을 얻으라 그리하면 성령을 선물로 받으리니 (행 2:38)
(Acts 2:38) :

그러나 하나님이 모든 선지자의 입을 의탁하사 자기의 그리스도의 해 받으실 일을 미리 알게 하신 것을 이와 같이 이루셨느니라 (행 3:18)
(Acts 3:18) :

그러므로 너희가 회개하고 돌이켜 너희 죄 없이 함을 받으라 이같이 하면 유쾌하게 되는 날이 주 앞으로부터 이를 것이요 (행 3:19)

(Acts 3:19) :

내가 주의 말씀에 요한은 물로 세례 주었으나 너희는 성령으로 세례 받으리라 하신것이 생각났노라 (행 11:16)

(Acts 11:16) :

그런즉 하나님이 우리가 주 예수 그리스도를 믿을 때에 주신 것과 같은 선물을 저희에게도 주셨으니 내가 누구관대 하나님을 능히 막겠느냐 하더라 (행 11:17)

(Acts 11:17) :

저희가 이 말을 듣고 잠잠하여 하나님께 영광을 돌려 가로되 그러면 하나님께서 이방인에게도 생명 얻는 회개를 주셨도다 하니라 (행 11:18)

(Acts 11:18) :

하나님의 떡은 하늘에서 내려 세상에게 생명을 주는 것이니라 (요 6:33)

(Jn 6:33) :

예수께서 이르시되 나는 생명의 떡이니 내게 오는 자는 결코 주리지 아니할 터이요 나를 믿는 자는 영원히 목마르지 아니하리라 (요 6:35)

(Jn 6:35) :

예수께서 대답하시되 진실로 진실로 네게 이르노니 사람이 물과 성령으로 나지 아니하면 하나님 나라에 들어갈 수 없느니라 (요 3:5)

(Jn 3:5) :

또 그들 중 지혜로운 자 몇 사람이 쇠패하여 무리로 연단되며 정결케 되며 희게 되어 마지막 때까지 이르게 하리니 이는 작정된 기한이 있음이니라 (단 11:35)

(Dan 11:35) :

땅의 티끌 가운데서 자는 자 중에 많이 깨어 영생을 얻는 자도 있겠고 수욕을 받아서 무궁히 부끄러움을 입을 자도 있을 것이며 (단 12:2)

(Dan 12:2) :

그 두루마기를 빠는 자들은 복이 있으니 이는 저희가 생명 나무에 나아가며 문들을 통하여 성에 들어갈 권세를 얻으려 함이로다 (계 22:14)

(Rev 22:14) :

곧 창세 전에 그리스도 안에서 우리를 택하사 우리로 사랑 안에서 그 앞에 거룩하고 흠이 없게 하시려고 (엡 1:4)

(Eph 1:4) :

그 기쁘신 뜻대로 우리를 예정하사 예수 그리스도로 말미암아 자기의 아들들이 되게 하셨으니 (엡 1:5)

(Eph 1:5) :

이는 그의 사랑하시는 자 안에서 우리에게 거저 주시는바 그의 은혜의 영광을 찬미하게 하려는 것이라 (엡 1:6)

(Eph 1:6) :

우리가 그리스도 안에서 그의 은혜의 풍성함을 따라 그의 피로 말미암아 구속 곧 죄 사함을 받았으니 (엡 1:7)

(Eph 1:7) :

모든 일을 그 마음의 원대로 역사하시는 자의 뜻을 따라 우리가 예정을 입어 그 안에서 기업이 되었으니 (엡 1:11)

(Eph 1:11) :

이는 그리스도 안에서 전부터 바라던 우리로 그의 영광의 찬송이 되게 하려 하심이라 (엡 1:12)

(Eph 1:12) :

이방인들이 듣고 기뻐하여 하나님의 말씀을 찬송하며 영생을 주시기로 작정된 자는 다 믿더라 (행 13:48)

(Acts 13:48) :

형제들아 너희가 스스로 지혜 있다 함을 면키 위하여 이 비밀을 너희가 모르기를 내가 원치 아니하노니 이 비밀은 이방인의 충만한 수가 들어오기까지 이스라엘의 더러는 완악하게 된 것이라 (롬 11:25)

(Rom 11:25) :

그리하여 온 이스라엘이 구원을 얻으리라 기록된바 구원자가 시온에서 오사 야곱에게서 경건치 않은 것을 돌이키시겠고 (롬 11:26)

(Rom 11:26) :

내가 저희 죄를 없이 할 때에 저희에게 이루어질 내 언약이 이것이라 함과 같으니라 (롬 11:27)

(Rom 11:27) :

복음으로 하면 저희가 너희를 인하여 원수 된 자요 택하심으로 하면 조상들을 인하여 사랑을 입은 자라 (롬 11:28)

(Rom 11:28) :

또 이르시되 이같이 그리스도가 고난을 받고 제 삼일에 죽은 자 가운데서 살아날 것과 (눅 24:46)

(Lk 24:46) :

또 그의 이름으로 죄 사함을 얻게 하는 회개가 예루살렘으로부터 시작하여 모든 족속에게 전파될 것이 기록되었으니 (눅 24:47)

(Lk 24:47) :

이 천국 복음이 모든 민족에게 증거되기 위하여 온 세상에 전파되리니 그제야 끝이 오리라 (마 24:14)

(Mat 24:14) :

【나눔 학습】 함께 생각해 보세요!

1) 세례 요한이 이르러 광야에서 죄 사함을 받게 하는 (　　　)를 전파하니

John came, who baptized in the wilderness and preached the (　　　) unto remission of sins.

A (막 1:4) / (Mk 1:4)

2) 베드로가 가로되 너희가 (　　　)하여 각각 예수 그리스도의 이름으로 세례를 받고 죄 사함을 얻으라 그리하면 (　　　)를 선물을 받으리니

And Peter [said] unto them, (　　　) ye, and be baptized every one of you in the name of Jesus Christ unto the remission of your sins; and ye shall receive the gift of the (　　　).

A (행 2:38) / (Acts 2:38)

3) 내가 주의 말씀에 요한은 (　　　)로 (　　　)를 주었으나 너희는 (　　　)으로 세례를 받으리라 하신 것이 생각났노라.

And I remembered the word of the Lord, how he said, John indeed (　　　) with (　　　); but ye shall be baptized in the (　　　).

A (행 11:16) / (Acts 11:16)

4) 우리는 그리스도 안에서 그의 은혜의 풍성함을 따라 그의 ( )로 말미암아 구속 곧 ( )을 받았느니라.

In whom we have our redemption through his ( ) the ( ) according to the riches of his grace.

A (엡 1:7) / (Eph 1:7)

5) 형제들아 너희가 스스로 지혜 있다 함을 면키 위하여 이 비밀을 너희가 모르기를 내가 원치 아니하노니 이 비밀은 ( )의 충만한 수가 들어오기까지 ( )의 더러는 완악하게 된 것이라.

I do not want you to be ignorant of this mystery, brothers, so that you may not be conceited: ( ) has experienced a hardening in part until the full number of the ( ) has come in.

A (롬 11:25) / (Rom 11:25)

6) 그리하여 ( )이 구원을 얻으리라 기록된 바 구원자가 시온에서 오사 야곱에게서 경건치 않은 것을 돌이키시겠고

and so ( ) shall be saved: even as it is written, There shall come out of Zion the Deliverer; He shall turn away ungodliness from Jacob:

A (롬 11:26) / (Rom 11:26)

10 성령의 임함
[The coming of the Holy Spirit]

예수님께서 승천하신 후에 보혜사 성령을 우리의 마음에 보내 주셔서 함께 동행하시며 마귀에 눌린 자를 고치며 착한 일을 행하도록 도우시고 우리가 하나님을 아바 아버지라고 부를 수 있도록 인도해 주십니다.

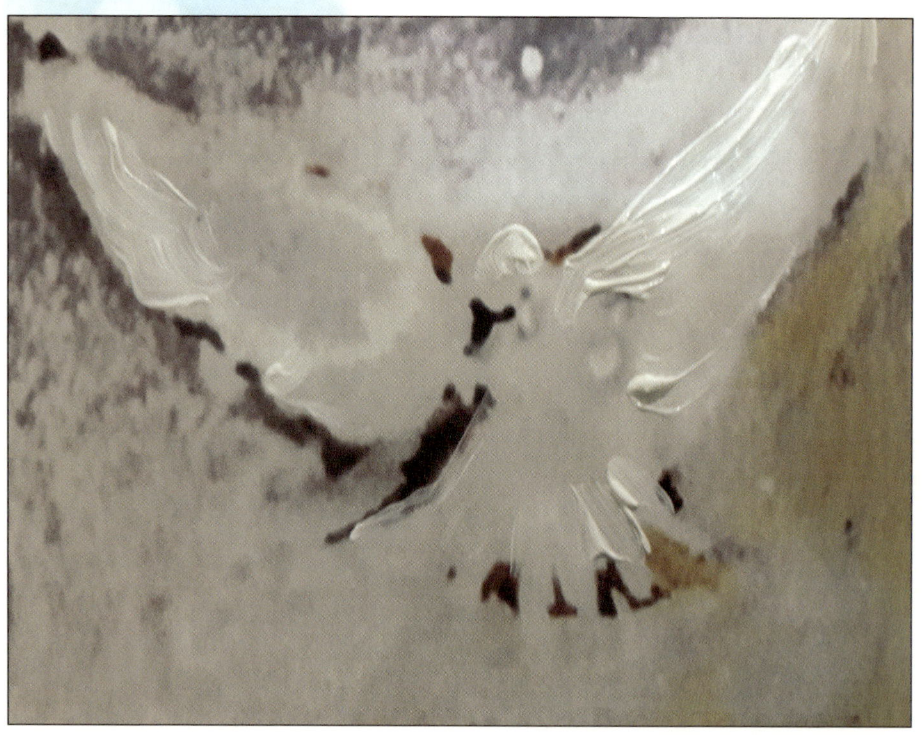

나는 너희로 회개케 하기 위하여 물로 세례를 주거니와 내 뒤에 오시는 이는 나보다 능력이 많으시니 나는 그의 신을 들기도 감당치 못하겠노라 그는 성령과 불로 너희에게 세례를 주실 것이요 (마 3:11)

(Mat 3:11) :

나는 너희에게 물로 세례를 주었거니와 그는 성령으로 너희에게 세례를 주시리라 (막 1:8)

(Mk 1:8) :

그 때에 예수께서 갈릴리 나사렛으로부터 와서 요단강에서 요한에게 세례를 받으시고 (막 1:9)

(Mk 1:9) :

곧 물에서 올라 오실쌔 하늘이 갈라짐과 성령이 비둘기 같이 자기에게 내려오심을 보시더니 (막 1:10)

(Mk 1:10) :

나도 그를 알지 못하였으나 나를 보내어 물로 세례를 주라 하신 그이가 나에게 말씀하시되 성령이 내려서 누구 위에든지 머무는 것을 보거든 그가 곧 성령으로 세례를 주는 이인줄 알라 하셨기에 (요 1:33)

(Jn 1:33) :

저는 진리의 영이라 세상은 능히 저를 받지 못하나니 이는 저를 보지도 못하고 알지도 못함이라 그러나 너희는 저를 아나니 저는 너희와 함께 거하심이요 또 너희 속에 계시겠음이라 (요 14:17)

(Jn 14:17) :

내가 너희를 고아와 같이 버려두지 아니하고 너희에게로 오리라 (요 14:18)

(Jn 14:18) :

평안을 너희에게 끼치노니 곧 나의 평안을 너희에게 주노라 내가 너희에게 주는 것은 세상이 주는 것 같지 아니하니라 너희는 마음에 근심도 말고 두려워하지도 말라 (요 14:27)

(Jn 14:27) :

요한은 물로 세례를 베풀었으나 너희는 몇 날이 못되어 성령으로 세례를 받으리라 하셨느니라 (행 1:5)

(Acts 1:5) :

각 사람에게 성령의 나타남을 주심은 유익하게 하려 하심이라 (고전 12:7)

(1 Cor 12:7) :

우리가 유대인이나 헬라인이나 종이나 자유자나 다 한 성령으로 세례를 받아 한 몸이 되었고 또 다 한 성령을 마시게 하셨느니라 (고전 12:13)

(1 Cor 12:13) :

그러므로 이제 그리스도 예수 안에 있는 자에게는 결코 정죄함이 없나니 (롬 8:1)

(Rom 8:1) :

이는 그리스도 예수 안에 있는 생명의 성령의 법이 죄와 사망의 법에서 너를 해방하였음이라 (롬 8:2)

(Rom 8:2) :

무릇 하나님의 영으로 인도함을 받는 그들은 곧 하나님의 아들이라 (롬 8:14)

(Rom 8:14) :

이는 그리스도 예수 안에서 아브라함의 복이 이방인에게 미치게 하고 또 우리로 하여금 믿음으로 말미암아 성령의 약속을 받게 하려 함이니라 (갈 3:14)

(Gal 3:14) :

사람이 마음으로 믿어 의에 이르고 입으로 시인하여 구원에 이르느니라 (롬 10:10)

(Rom 10:10) :

예수께서 대답하시되 첫째는 이것이니 이스라엘아 들으라 주 곧 우리 하나님은 유일한 주시라 (막 12:29)

(Mk 12:29) :

네 마음을 다하고 목숨을 다하고 뜻을 다하고 힘을 다하여 주 너의 하나님을 사랑하라 하신 것이요 (막 12:30)

(Mk 12:30) :

둘째는 이것이니 네 이웃을 네 몸과 같이 사랑하라 하신 것이라 이에서 더 큰 계명이 없느니라 (막 12:31)

(Mk 12:31) :

피차 사랑의 빚 외에는 아무에게든지 아무 빚도 지지 말라 남을 사랑하는 자는 율법을 다 이루었느니라 (롬 13:8)

(Rom 13:8) :

사랑은 이웃에게 악을 행치 아니하나니 그러므로 사랑은 율법의 완성이니라 (롬 13:10)

(Rom 13:10) :

온 율법은 네 이웃 사랑하기를 네 몸 같이 하라 하신 한 말씀에 이루었나니 (갈 5:14)

(Gal 5:14) :

내가 이르노니 너희는 성령을 좇아 행하라 그리하면 육체의 욕심을 이루지 아니하리라 (갈 5:16)

(Gal 5:16) :

오직 성령의 열매는 사랑과 희락과 화평과 오래 참음과 자비와 양선과 충성과 (갈 5:22)

(Gal 5:22) :

온유와 절세니 이같은 것을 금지할 법이 없느니라 (갈 5:23)

(Gal 5:23) :

그러므로 이제 그리스도 예수 안에 있는 자에게는 결코 정죄함이 없나니 (롬 8:1)

(Rom 8:1) :

이는 그리스도 예수 안에 있는 생명의 성령의 법이 죄와 사망의 법에서 너를 해방하였음이라 (롬 8:2)

(Rom 8:2) :

그런즉 믿음, 소망, 사랑, 이 세 가지는 항상 있을 것인데 그 중에 제일은 사랑이라 (고전 13:13)

(1 Cor 13:13) :

【나눔 학습】 함께 생각해 보세요!

1) 나는 너희로 ( )하게 하기 위하여 ( )로 ( )를 주거니거와 내 뒤에 오시는 이는 나보다 능력이 많으시니 나는 그의 신을 들기도 감당하지 못하겠노라 그는 ( )과 ( )로 너희에게 ( )를 주실 것이요.

I indeed ( ) you in ( ) unto ( ): but he that cometh after me is mightier than I, whose shoes I am not worthy to bear: he shall ( ) you in the ( ) and [in] ( ):

A (마 3:11) / (Mat 3:11)

2) 저는 ( )이라 세상은 능히 저를 받지 못하나니 이는 저를 보지도 못하고 알지도 못함이라 그러나 너희는 저를 아나니 저는 너희와 함께 거하심이요 또 ( )속에 계시겠음이라.

even the ( ): whom the world cannot receive; for it beholdeth him not, neither knoweth him: ye know him; for he abideth with you, and shall be in ( ).

A (요 14:17) / (Jon 14:17)

3) 온 ( )은 네 이웃 사랑하기를 ( )같이 하라 하신 한 말씀에서 이루어졌나니

For the whole ( ) is fulfilled in one word, [even] in this: Thou shalt love thy neighbor as( ).

A (갈 5:14) / (Gal 5:14)

11 세상 종말 예언
[The End of the World Prophecy]

하나님은 구약의 선지자들을 통하여 세상 끝 날에 대한 예언들을 주셨으며, 기록된 복음과 같이 이루어지며 의인과 악인을 심판하시며 불과 유황의 심판이 있음을 성경안에서 말씀해 주셨습니다.

예수께서 감람산 위에 앉으셨을 때에 제자들이 종용히 와서 가로되 우리에게 이르소서 어느 때에 이런 일이 있겠사오며 또 주의 임하심과 세상 끝에는 무슨 징조가 있사오리이까 (마 24:3)
(Mat 24:3) :

예수께서 대답하여 가라사대 너희가 사람의 미혹을 받지 않도록 주의하라 (마 24:4)
(Mat 24:4) :

많은 사람이 내 이름으로 와서 이르되 나는 그리스도라 하여 많은 사람을 미혹케 하리라 (마 24:5)
(Mat 24:5) :

난리와 난리 소문을 듣겠으나 너희는 삼가 두려워 말라 이런 일이 있어야 하되 끝은 아직 아니니라 (마 24:6)
(Mat 24:6) :

민족이 민족을, 나라가 나라를 대적하여 일어나겠고 처처에 기근과 지진이 있으리니 (마 24:7)
(Mat 24:7) :

그 때에 사람들이 너희를 환난에 넘겨주겠으며 너희를 죽이리니 너희가 내 이름을 위하여 모든 민족에게 미움을 받으리라 (마 24:9)
(Mat 24:9) :

그 때에 많은 사람이 시험에 빠져 서로 잡아 주고 서로 미워하겠으며 (마 24:10)
(Mat 24:10) :

거짓 선지자가 많이 일어나 많은 사람을 미혹하게 하겠으며 (마 24:11)
(Mat 24:11) :

불법이 성하므로 많은 사람의 사랑이 식어지리라 (마 24:12)
(Mat 24:12) :

그러나 끝까지 견디는 자는 구원을 얻으리라 (마 24:13)
(Mat 24:13) :

그러므로 너희가 선지자 다니엘의 말한바 멸망의 가증한 것이 거룩한 곳에 선 것을 보거든 (읽는 자는 깨달을찐저) (마 24:15)
(Mat 24:15) :

그 때에 유대에 있는 자들은 산으로 도망할찌어다 (마 24:16)
(Mat 24:16) :

지붕 위에 있는 자는 집안에 있는 물건을 가질러 내려 가지 말며 (마 24:17)
(Mat 24:17) :

밭에 있는 자는 겉옷을 가질러 뒤로 돌이키지 말찌어다 (마 24:18)
(Mat 24:18) :

그 날에는 아이 밴 자들과 젖먹이는 자들에게 화가 있으리로다 (마 24:19)
(Mat 24:19) :

너희의 도망하는 일이 겨울에나 안식일에 되지 않도록 기도하라 (마 24:20)
(Mat 24:20) :

이는 그 때에 큰 환난이 있겠음이라 창세로부터 지금까지 이런 환난이 없었고 후에도 없으리라 (마 24:21)
(Mat 24:21) :

그 날들을 감하지 아니할 것이면 모든 육체가 구원을 얻지 못할 것이나 그러나 택하신 자들을 위하여 그 날들을 감하시리라 (마 24:22)
(Mat 24:22) :

그 때에 사람이 너희에게 말하되 보라 그리스도가 여기 있다 혹 저기 있다 하여도 믿지 말라 (마 24:23)
(Mat 24:23) :

거짓 그리스도들과 거짓 선지자들이 일어나 큰 표적과 기사를 보이어 할 수만 있으면 택하신 자들도 미혹하게 하리라 (마 24:24)
(Mat 24:24) :

그 날 환난 후에 즉시 해가 어두워지며 달이 빛을 내지 아니하며 별들이 하늘에서 떨어지며 하늘의 권능들이 흔들리리라 (마 24:29)
(Mat 24:29) :

그 때에 인자의 징조가 하늘에서 보이겠고 그 때에 땅의 모든 족속들이 통곡하며 그들이 인자가 구름을 타고 능력과 큰 영광으로 오는 것을 보리라 (마 24:30)
(Mat 24:30) :

저가 큰 나팔소리와 함께 천사들을 보내리니 저희가 그 택하신 자들을 하

늘 이 끝에서 저 끝까지 사방에서 모으리라 (마 24:31)
(Mat 24:31) :

무화과나무의 비유를 배우라 그 가지가 연하여지고 잎사귀를 내면 여름이 가까운 줄을 아나니 (마 24:32)
(Mat 24:32) :

이와 같이 너희도 이 모든 일을 보거든 인자가 가까이 곧 문앞에 이른줄 알라 (마 24:33)
(Mat 24:33) :

그러나 그 날과 그 때는 아무도 모르나니 하늘의 천사들도, 아들도 모르고 오직 아버지만 아시느니라 (마 24:36)
(Mat 24:36) :

노아의 때와 같이 인자의 임함도 그러하리라 (마 24:37)
(Mat 24:37) :

홍수 전에 노아가 방주에 들어가던 날까지 사람들이 먹고 마시고 장가 들고 시집 가고 있으면서 (마 24:38)
(Mat 24:38) :

홍수가 나서 저희를 다 멸하기까지 깨닫지 못하였으니 인자의 임함도 이와 같으리라 (마 24:39)
(Mat 24:39) :

그때에 두 사람이 밭에 있으매 하나는 데려감을 당하고 하나는 버려둠을 당할 것이요 (마 24:40)
(Mat 24:40) :

그러므로 깨어 있으라 어느 날에 너희 주가 임할는지 (마 24:42)
(Mat 24:42) :

*요엘은 요아스 왕(B.C 835-796년 경)때 기록된 것으로 보인다.
*Joel seems to have been recorded by King Joas (circa 835-796 BC)

시온에서 나팔을 불며 나의 성산에서 호각을 불어 이 땅 거민으로 다 떨게 할 찌니 이는 여호와의 날이 이르게 됨이니라 이제 임박하였으니 (요엘 2:1)
(Joel 2:1) :

곧 어둡고 캄캄한 날이요 빽빽한 구름이 끼인 날이라 새벽 빛이 산 꼭대기에 덮인 것과 같으니 이는 많고 강한 백성이 이르렀음이라 이같은 것이 자고 이래로 없었고 이후 세세에 없으리로다 (요엘 2:2)
(Joel 2:2) :

불이 그들의 앞을 사르며 불꽃이 그들의 뒤를 태우니 그 전의 땅은 에덴 동산 같았으나 그 후의 땅은 황무한 들 같으니 그 들을 피한 자가 없도다 (요엘 2:3)
(Joel 2:3) :

그 모양은 말 같고 그 달리는 것은 기병 같으며 (요엘 2:4)
(Joel 2:4) :

그들의 산 꼭대기에서 뛰는 소리가 병거 소리와도 같고 불꽃이 초개를 사르는 소리와도 같으며 강한 군사가 항오를 벌이고 싸우는 것 같으니 (요엘 2:5)
(Joel 2:5) :

그 앞에서 만민이 송구하여 하며 무리의 낯빛이 하얘졌도다 (요엘 2:6)
(Joel 2:6) :

그 앞에서 땅이 진동하며 하늘이 떨며 일월이 캄캄하며 별들이 빛을 거두도다 (요엘 2:10)
(Joel 2:10) :

여호와께서 그 군대 앞에서 소리를 발하시고 그 진은 심히 크고 그 명령을 행하는 자는 강하니 여호와의 날이 크고 심히 두렵도다 당할 자가 누구이랴 (요엘 2:11)
(Joel 2:11) :

여호와의 크고 두려운 날이 이르기 전에 해가 어두워지고 달이 핏빛 같이 변하려니와 (요엘 2:31)
(Joel 2:31) :

누구든지 여호와의 이름을 부르는 자는 구원을 얻으리니 이는 나 여호와의 말대로 시온산과 예루살렘에서 피할 자가 있을 것임이요 남은 자 중에 나 여호와의 부름을 받을 자가 있을 것임이니라 (요엘 2:32)
(Joel 2:32) :

너희는 열국에 이렇게 광포할찌어다 너희는 전쟁을 준비하고 용사를 격려하고 무사로 다 가까이 나아와서 올라오게 할찌어다 (요엘 3:9)
(Joel 3:9) :

너희는 보습을 쳐서 칼을 만들찌어다 낫을 쳐서 창을 만들찌어다 약한 자도 이르기를 나는 강하다 할찌어다 (요엘 3:10)
(Joel 3:10) :

열국은 동하여 여호사밧 골짜기로 올라올찌어다 내가 거기 앉아서 사면의 열국을 다 심판하리로다 (요엘 3:12)
(Joel 3:12) :

너희는 낫을 쓰라 곡식이 익었도다 와서 밟을찌어다 포도주 틀이 가득히 차고 포도주 독이 넘치니 그들의 악이 큼이로다 (요엘 3:13)
(Joel 3:13) :

해와 달이 캄캄하며 별들이 그 빛을 거두도다(요엘 3:15)
(Joel 3:15) :

사랑하는 자들아 내가 이제 이 둘째 편지를 너희에게 쓰노니 이 둘로 너희 진실한 마음을 일깨워 생각하게 하여 (벧후 3:1)

(2 Pet 3:1) :

곧 거룩한 선지자의 예언한 말씀과 주 되신 구주께서 너희의 사도들로 말미암아 명하신 것을 기억하게 하려 하노라 (벧후 3:2)

(2 Pet 3:2) :

먼저 이것을 알찌니 말세에 기롱하는 자들이 와서 자기의 정욕을 좇아 행하며 기롱하여 (벧후 3:3)

(2 Pet 3:3) :

가로되 주의 강림하신다는 약속이 어디 있느뇨 조상들이 잔 후로부터 만물이 처음 창조할 때와 같이 그냥 있다 하니 (벧후 3:4)

(2 Pet 3:4) :

이는 하늘이 옛적부터 있는 것과 땅이 물에서 나와 물로 성립한 것도 하나님의 말씀으로 된 것을 저희가 부러 잊으려 함이로다 (벧후 3:5)

(2 Pet 3:5) :

이로 말미암아 그때 세상은 물의 넘침으로 멸망하였으되 (벧후 3:6)

(2 Pet 3:6) :

이제 하늘과 땅은 그 동일한 말씀으로 불사르기 위하여 간수하신바 되어 경건치 아니한 사람들의 심판과 멸망의 날까지 보존하여 두신 것이니라 (벧후 3:7)

(2 Pet 3:7) :

주의 약속은 어떤이의 더디다고 생각하는 것 같이 더딘 것이 아니라 오직 너희를 대하여 오래 참으사 아무도 멸망치 않고 다 회개하기에 이르기를 원하시느니라 (벧후 3:9)

(2 Pet 3:9) :

그러나 주의 날이 도적 같이 오리니 그 날에는 하늘이 큰 소리로 떠나 가고 체질이 뜨거운 불에 풀어지고 땅과 그 중에 있는 모든 일이 드러나리로다 (벧후 3:10)

(2 Pet 3:10) :

이 모든 것이 이렇게 풀어지리니 너희가 어떠한 사람이 되어야 마땅하냐 거룩한 행실과 경건함으로 (벧후 3:11)

(2 Pet 3:11) :

하나님의 날이 임하기를 바라보고 간절히 사모하라 그 날에 하늘이 불에 타서 풀어지고 체질이 뜨거운 불에 녹아지려니와 (벧후 3:12)

(2 Pet 3:12) :

우리는 그의 약속대로 의의 거하는바 새 하늘과 새 땅을 바라보도다 (벧후 3:13)

(2 Pet 3:13) :

그러므로 사랑하는 자들아 너희가 이것을 바라보나니 주 앞에서 점도 없고 흠도 없이 평강 가운데서 나타나기를 힘쓰라 (벧후 3:14)

(2 Pet 3:14) :

*스가랴 선지자가 처음 계시를 받은 다리오 왕 2년(1:1, B.C 520년) 에서부터 다리오왕 4년(7:1, B.C 518년)까지 2년에 걸쳐 기록되었다. 학자들은 성전 재견 후 오랜 세월이 지난 스가랴 선지자 말련에 기록되었을 것으로 추정한다.(대략 B.C 480-470년 경)
*The Zechariah prophets were recorded over two years from the first revelation of King Darius (Zec 1:1)(520 BC) to the 4th year of King Darius (Zec7:1) (B.C.518). The scholars assume that the years after the rebuilding of the temple were recorded at the end of the prophet Zechariah (about B.C. 480-470 BC).

그 날에는 내가 예루살렘으로 모든 국민에게 무거운 돌이 되게 하리니 무릇 그것을 드는 자는 크게 상할 것이라 천하 만국이 그것을 치려고 모이리라 (슥 12:3)

(Zech 12:3) :

예루살렘을 치러 오는 열국을 그 날에 내가 멸하기를 힘쓰리라 (슥 12:9) (Zech 12:9) :

내가 다윗의 집과 예루살렘 거민에게 은총과 간구하는 심령을 부어 주리니 그들이 그 찌른바 그를 바라보고 그를 위하여 애통하기를 독자를 위하여 애통하듯 하며 그를 위하여 통곡하기를 장자를 위하여 통곡하듯 하리로다 (슥 12:10) (Zech 12:10) :

【나눔 학습】 함께 생각해 보세요!

1) 제자들이 주의 임하심과 세상 끝에는 무슨 징조가 있사오리이까 예수님께 질문할 때 예수님의 대답을 나눠 봅시다.

Let's talk about Jesus' answers when His disciples asked Jesus What is the Let there be a sign at the end of your Lord and at the end of the world.

A (마 24:3-45) / (Mat 24:3-45)

2) 그 때에 유대에 있는 자들은 산으로 도망할지어다 라고 하실 때 그 때는 어느 때입니까?

At that time, Let those who are in judea fell to the mountains. When is the time?

A (마24:15) / (Mat 24:15)

3) 이는 그 때에 (   )이 있겠음이라 (   )로부터 (   )까지 이런 환란이 없었고 후에도 없으리라.

for then shall be (   ), such as hath not been from the (   ) until (   ), no, nor ever shall be.

A (마 24:21) / (Mat 24:21)

4) 그 날들을 감하지 아니할 것이면 모든 육체가 구원을 얻지 못할 것이나 그러나 (   )들을 위하여 그 날들을 감하시리라.

And except those days had been shortened, no flesh would have been saved: but for the (   ) sake those days shall be shortened.

A (마 24:22) / (Mat 24:22)

5) 그 때에 사람이 너희에게 말하되 보라 (   )가 여기 있다 혹 저기 있다 하여도 믿지 말라.

Then if any man shall say unto you, Lo, here is the(   ) Here; believe it not.

A (마24:23) / (Mat 24:23)

6) (   )이 임하기를 바라보고 간절히 사모하라 그 날에 (   ) 이 (   )에 타서 풀어지고 (   )이 뜨거운 불에 녹아지려니와

looking for and earnestly desiring the coming of the (   ), by reason of which the (   ) being on (   ) shall be dissolved, and the (   ) shall melt with fervent heat?

A (벧후 3:12) / (2 Pet 3:12)

7) 우리는 그의 (   )대로 의의 거하는 바 (   )과 (   )을 바라 보도다.

But, according to his (   ), we look for (   ) and (   ), wherein dwelleth righteousness.

A (벧후 3:13) / (2 Pet 3:13)

일곱인[The seven seals]	
1째 인 first seal	내가 보매 어린 양이 일곱 인 중의 하나를 떼시는데 그 때에 내가 들으니 네 생물 중의 하나가 우렛소리 같이 말하되 오라 하기로 (계 6:1) (Rev: 6:1) 이에 내가 보니 흰 말이 있는데 그 탄 자가 활을 가졌고 면류관을 받고 나아가서 이기고 또 이기려고 하더라 (계 6:2) (Rev 6:2) :
2째 인 second seal	둘째 인을 떼실 때에 내가 들으니 둘째 생물이 말하되 오라 하니 (계 6:3) (Rev 6:3) : 이에 다른 붉은 말이 나오더라 그 탄 자가 허락을 받아 땅에서 화평을 제하여 버리며 서로 죽이게 하고 또 큰 칼을 받았더라 (계 6:4) (Rev 6:4)
3째 인 third seal	셋째 인을 떼실 때에 내가 들으니 셋째 생물이 말하되 오라 하기로 내가 보니 검은 말이 나오는데 그 탄 자가 손에 저울을 가졌더라 (계 6:5) (Rev 6:5) : 내가 네 생물 사이로부터 나는 듯한 음성을 들으니 이르되 한 데나리온에 밀 한 되요 한 데나리온에 보리 석 되로다 또 감람유와 포도주는 해치지 말라 하더라 (계 6:6) (Rev 6:6) :
4째 인 fourth seal	넷째 인을 떼실 때에 내가 넷째 생물의 음성을 들으니 말하되 오라 하기로(계 6:7) (Rev 6:7) : 내가 보매 청황색 말이 나오는데 그 탄 자의 이름은 사망이니 음부가 그 뒤를 따르더라 그들이 땅 사분의 일의 권세를 얻어 검과 흉년과 사망과 땅의 짐승들로써 죽이더라 (계 6:8) (Rev 6:8) :
5째 인 fifth seal	다섯째 인을 떼실 때에 내가 보니 하나님의 말씀과 그들이 가진 증거로 말미암아 죽임을 당한 영혼들이 제단 아래에 있어 (계 6:9) (Rev 6:9) : 큰 소리로 불러 이르되 거룩하고 참되신 대주재여 땅에 거하는 자들을 심판하여 우리 피를 갚아 주지 아니하시기를 어느 때까지 하시려 하나이까 하니 (계 6:10) (Rev 6:10) : 각각 그들에게 흰 두루마기를 주시며 이르시되 아직 잠시 동안 쉬되 그들의 동무 종들과 형제들도 자기처럼 죽임을 당하여 그 수가 차기까지 하라 하시더라 (계 6:11) (Rev 6:11) :

6째 인 **sixth seal**	내가 보니 여섯째 인을 떼실 때에 큰 지진이 나며 해가 검은 털로 짠 상복 같이 검어지고 달은 온통 피 같이 되며 (계 6:12) (Rev 6:12) : 하늘의 별들이 무화과나무가 대풍에 흔들려 설익은 열매가 떨어지는 것 같이 땅에 떨어지며 (계 6:13) (Rev 6:13) : 하늘은 두루마리가 말리는 것 같이 떠나가고 각 산과 섬이 제 자리에서 옮겨지매 (계 6:14) (Rev 6:14) : 땅의 임금들과 왕족들과 장군들과 부자들과 강한 자들과 모든 종과 자유인이 굴과 산들의 바위 틈에 숨어 (계 6:15) (Rev 6:15) : 산들과 바위에게 말하되 우리 위에 떨어져 보좌에 앉으신 이의 얼굴에서와 그 어린 양의 진노에서 우리를 가리라 (계 6:16) (Rev 6:16) : 그들의 진노의 큰 날이 이르렀으니 누가 능히 서리요 하더라 (계 6:17) (Rev 6:17) :
7째 인 **seventh seal**	일곱째 인을 떼실 때에 하늘이 반 시간쯤 고요하더니 (계 8:1) (Rev 8:1) : 내가 보매 하나님 앞에 일곱 천사가 서 있어 일곱 나팔을 받았더라 (계 8:2) (Rev 8:2) : 다른 천사가 와서 제단 곁에 서서 금 향로를 가지고 많은 향을 받았으니 이는 모든 성도의 기도와 합하여 보좌 앞 금 제단에 드리고자 함이라 (계 8:3) (Rev 8:3) : 일곱 나팔을 가진 일곱 천사가 나팔 불기를 준비하더라 (계 8:6) (Rev 8:6) :

【나눔 학습】 함께 생각해 보세요!

1) 누가 이 책의 인을 뗄 수 있나요?

Who can take off the seal off of this book?

A (계 5:5) / (Rev 5:5)

2) 일곱인은 누가 떼고 계셨나요?

Who were the seven seal take off?

A (계 6:1) / (Rev 6:1)

3) 첫째 인을 뗄 때 나타난 동물은? (거짓평화)

What animal appeared when the first seal was released? (False peace)

A (계 6:2) / (Rev 6:2)

4) 둘째인의 뗄 때 나타난 동물과 상징은? (전쟁과 파괴)

What are the animals and symbols that appear when the second seal leaves? (War and Destruction).

A (계 6:4) / (Rev 6:4)

5) 셋째인의 뗄 때 나타난 동물과 손에든 것과 상징은? (땅에 기근이 다가옴을 예시)

What is in the hand with the animal that when the third seal appeared? (An example of famine approaching the earth).

A (계 6:5) / (Rev 6:5)

6) 넷째인의 뗄 때 나타난 동물과 상징은?

What are the animals and symbols that appeared on the fourth seal release? (Tribulation).

A (계 6:8) / (Rev 6:8)

7) 다섯째인의 뗄 때 나타난 순교자들은 어떤 상황이 있었나요?

What was the situation of the martyrs what appeared when the fifth seal release?

A (계 6:9-11) / (Rev 6:9-11)

8) 여섯째인의 뗄 때 나타난 천제 상황은?

What is the state of the sky when the sixth seal leaves?

A (계 6:12) / (Rev 6:12)

9) 일곱째인의 뗄 때 나타난 상황은?

What happened when the seventh seal left?

A (계 8:1-2) / (Rev 8:1-2)

일곱나팔재앙[The seven Trumpets disaster]	
1째 나팔 The first Trumpet	피 섞인 우박과 불이 나와서 땅의 삼분의 일과 수목의 삼분의 일도 타버리고 각종 푸른 풀도 타 버림(계 8:7) / (Rev 8:7) :
2째 나팔 The second Trumpet	바다의 삼분의 일이 피가 되고 바다 가운데 생명 가진 피조물들의 삼분의 일이 죽고 배들의 삼분의 일이 깨짐(계 8:8-9) / (Rev 8:8-9) :
3째 나팔 The third Trumpet	큰 별이 하늘에서 떨어져 강들의 삼분의 일과 여러 물샘에 떨어지니 별 이름은 쓴 쑥이라 물의 삼분의 일이 쓴 쑥이 되매 그 물이 쓴 물이 되므로 많은 사람이 죽음(계 8:10-11) / (Rev 8:10-11) :
4째 나팔 The fourth Trumpet	해 삼분의 일과 달 삼분의 일과 별들의 삼분의 일이 타격을 받아 낮 삼분의 일은 비추임이 없고 밤도 그러함(계 8:12) / (Rev 8:12) :
5째 나팔 The fifth Trumpet 첫째 화 first woe	하늘에서 땅에 떨어진 별 하나가 있는데 그가 무저갱의 열쇠를 받음(계 9:1) / (Rev 9:1) : 또 황충이 땅에 있는 전갈의 권세와 같은 권세를 받음(계 9:3) / (Rev 9:3) : 땅의 풀이나 푸른 것이나 각종 수목은 해하지 말고 오직 이마에 하나님의 인침을 받지 아니한 사람들만 해함(계 9:4) / (Rev 9:4) : 그날에는 죽음이 그들을 피해감(계 9:6) / (Rev 9:6) : 또 다섯 달 동안 사람들을 해하는 권세가 있음(계 9:10) / (Rev 9:10) :
6째 나팔 The Sixth Trumpet 둘째 화 second woe 유브라데전쟁 Euph rates War	큰 강 유브라데에 결박한 네 천사를 놓아 주라 하매 그들은 그 년 월 일 시에 이르러 사람 삼분의 일을 죽이기로 준비된 자들임(계 9:15) (Rev 9:15) : 마병대의 수는 이만 만이니(계 9:16) / (Rev 9:16) : 이 세 재앙 곧 자기들의 입에서 나오는 불과 연기와 유황으로 말미암아 사람 삼분의 일이 죽임을 당함(계 9:18) / (Rev 9:18) :
두 증인	굵은 베옷을 입고 일천이백 유십일 동안 예언함(계 11:3) / (Rev 11:3) : 무저갱에서 올라온 짐승이 전쟁으로 저희를 죽임(계 11:7) / (Rev 11:7) : 삼 일 반 후에 하나님께로부터 생기가 그들 속에 들어가 그들이 발로 일어서니 구경하는 자들이 크게 두려워함(계 11:11) / (Rev 11:11) : 하늘로부터 큰 음성이 있어 그들이 듣고 구름을 타고 하늘로 올라가 그들의 원수들을 구경함(계 11:12) / (Rev 11:12) : 1260일간 양육받기 위하여 여자가 광야로 도망하여 하나님의 예비하신 곳으로 피함(계 12:6) / (Rev 12:6) : 하늘에 미가엘과 그의 사자들이 용과 그의 사자들과 싸워 큰 용이 땅으로 내어 쫓김(계 12:9) / (Rev 12:9) : 여러 형제가 어린양의 피와 자기의 증거하는 말을 인하여 저를 이기었으니 그들은 죽기까지 자기 생명을 아끼지 아니함(계 12:11) / (Rev 12:11) :

	마귀의 때가 얼마 못된 줄 알므로 크게 분노함(계 12:12) / (Rev 12:12) : 여자는 뱀의 낯을 피하여 3년 반동안 양육받음(계 12:14) / (Rev 12:14) : 용이 여자에게 분노하여 여자의 남은 자손들로 더블어 싸우려고 바다 모레위에 섬(계 12:17) / (Rev 12:17) : 바다에서 열개의 뿔과 머리가 일곱인 한 짐승이 나옴(계 13:1) (Rev 13:1) : 짐승이 큰 말과 참람된 말하는 입을 받고 또 마흔 두달 일할 권세를 받음(계 13:5) / (Rev 13:5) : 또 권세를 받아 성도들과 싸워 이기게 되고 각 족속과 백성과 방언과 나라를 다스리는 권세를 받음(계 13:7) / (Rev 13:7) : 또 다른 짐승이 땅에서 올라오니 새끼양 같이 두 뿔이 있고 용처럼 말함(계 13:11) / (Rev 13:11) : 모든 사람들에게 짐승의 표를 받게하고 짐승의 우상에게 경배하게함 (계 13:15-17) / (Rev 13:15-17) :
7째 나팔 The Seventh Trumpet 셋째 화 Third woe 7 대접재앙 seventh bowls	일곱째 천사가 나팔을 불게 될 때에 하나님이 그의 종 선지자들에게 전하신 복음과 같이 하나님의 그 비밀이 이루어짐(계 10:7) / (Rev 10:7) : 일곱째 천사가 나팔을 불매 하늘에 큰 음성들이 나서 가로되 세상 나라가 우리 주와 그 그리스도의 나라가 되어 그가 세세토록 왕 노릇 하심(계 11:15) / (Rev 11:15) : 보라 내가 비밀을 말하노니 우리가 다 잠잘것이 아니요 마지막 나팔에 순식간에 홀연히 다 변화하리니(고전 15:21) / (1 cor 15:21) : [7 대접재앙] 이방들이 분노하매 주의 진노가 임하여 죽은 자를 심판하시며 종 선지자들과 성도들과 또 무론대소하고 주의 이름을 경외하는 자들에게 상 주시며 또 땅을 망하게 하는 자들을 멸망시키실 때로소이다 하더라 (계 11:18) / (Rev 11:18) : 일곱 천사가 일곱 재앙을 가졌으니 곧 마지막 재앙이라 하나님의 진노가 마침(계 15:1) / (Rev 15:1) : 힘센 음성으로 외쳐 가로되 무너졌도다 무너졌도다 큰 성 바벨론이여 귀신의 처소와 각종 더러운 영의 모이는 곳과 각종 더럽고 가증한 새의 모이는 곳이 되었도다(계 18:2) / (Rev 18:2) : 그러므로 하루 동안에 그 재앙들이 이르리니 곧 사망과 애통과 흉년이라 그가 또한 불에 살라지리니 그를 심판하신 주 하나님은 강하신 자이심이니라(계 18:8) / (Rev 18:8) : 그와 함께 음행하고 사치하던 땅의 왕들이 그 불붙는 연기를 보고 위하여 울고 가슴을 치며(계 18:9) / (Rev 18:9) : 그 고난을 무서워하여 멀리 서서 가로되 화 있도다 화 있도다 큰 성, 견고한 성 바벨론이여 일시간에 네 심판이 이르렀다 하리로다(계 18:10) / (Rev 18:10) :

【나눔 학습】 함께 생각해 보세요!

1) 첫째 나팔의 재앙들은?

What are the plagues of the first trumpet?

A (계 8:7) / (Rev 8:7)

2) 둘째 나팔의 재앙들은?

What are the plagues of the second trumpet?

A (계 8:8-9) / (Rev 8:8-9)

3) 셋째 나팔의 재앙들은?

What are the plagues of the third trumpet?

A (계 8:10-11) / (Rev 8:10-11)

4) 넷째 나팔의 재앙들은?

What are the plagues of the fourth trumpet?

A (계 8:12) / (Rev 8:12)

5) 다섯째 나팔의 재앙들은?

What are the plagues of the fifth trumpet?

A (계 9:3-10) / (Rev 9:3-10)

6) 여섯째 나팔의 재앙들은?

What are the plagues of the sixth trumpet?

A (계 9:15-18) / (Rev 9:15-18)

7) 일곱째 나팔의 현상과 재앙은?

What are the symptom plagues of the seventh trumpet?

A (계 15:1) / (Rev 15:1)

(계 10:7) / (Rev 10:7)

(고전 15:21) / (1 Cor 15:21)

12 짐승통치(계 13:7)

[Rule of the beast) / (Rev 13:7)]

세상의 통치자인 짐승은 힘으로 부귀와 영화를 자랑하며 짐승우상에게 경배하게 하며 표를 받지 아니하면 물건을 사거나 팔거나 하지 못하게 하는 방법으로 하늘의 하나님과 성도들을 핍박합니다.

◇ 그림의 666 숫자는 아랍어로도 표기됨

매일 드리는 제사를 폐하며 멸망케 할 미운 물건을 세울 때부터 일천 이백 구십일을 지낼 것이요 (단 12:11)

(Dan 12:11) :

누가 아무렇게 하여도 너희가 미혹하지 말라 먼저 배도하는 일이 있고 저 불법의 사람 곧 멸망의 아들이 나타나기 전에는 이르지 아니하리니 (살후 2:3)

(2 Thes 2:3) :

저는 대적하는 자라 범사에 일컫는 하나님이나 숭배함을 받는 자 위에 뛰어나 자존하여 하나님 성전에 앉아 자기를 보여 하나님이라 하느니라 (살후 2:4)

(2 Thes 2:4) :

멸망의 가증한 것이 서지 못할 곳에 선것을 보거든 (읽는 자는 깨달을찐저) 그 때에 유대에 있는 자들은 산으로 도망할찌어다 (막 13:14)

(Mk 13:14) :

내가 보니 바다에서 한 짐승이 나오는데 뿔이 열이요 머리가 일곱이라 그 뿔에는 열 면류관이 있고 그 머리들에는 참람된 이름들이 있더라 (계 13:1)

(Rev 13:1) :

내가 본 짐승은 표범과 비슷하고 그 발은 곰의 발 같고 그 입은 사자의 입 같은데 용이 자기의 능력과 보좌와 큰 권세를 그에게 주었더라 (계 13:2)

(Rev 13:2) :

또 짐승이 큰 말과 참람된 말 하는 입을 받고 또 마흔 두달 일할 권세를 받으니라 (계 13:5)

(Rev 13:5) :

짐승이 입을 벌려 하나님을 향하여 훼방하되 그의 이름과 그의 장막 곧 하늘에 거하는 자들을 훼방하더라 (계 13:6)

(Rev 13:6) :

또 권세를 받아 성도들과 싸워 이기게 되고 각 족속과 백성과 방언과 나라를 다스리는 권세를 받으니 (계 13:7)

(Rev 13:7) :

죽임을 당한 어린 양의 생명책에 창세 이후로 녹명되지 못하고 이 땅에 사는 자들은 다 짐승에게 경배하리라 (계 13:8)

(Rev 13:8) :

내가 보매 또 다른 짐승이 땅에서 올라오니 새끼양 같이 두 뿔이 있고 용처럼 말하더라 (계 13:11)

(Rev 13:11) :

저가 먼저 나온 짐승의 모든 권세를 그 앞에서 행하고 땅과 땅에 거하는 자들로 처음 짐승에게 경배하게 하니 곧 죽게 되었던 상처가 나은 자니라 (계 13:12)

(Rev 13:12) :

큰 이적을 행하되 심지어 사람들 앞에서 불이 하늘로부터 땅에 내려 오게 하고 (계 13:13)

(Rev 13:13) :

짐승 앞에서 받은바 이적을 행함으로 땅에 거하는 자들을 미혹하며 땅에 거하는 자들에게 이르기를 칼에 상하였다가 살아난 짐승을 위하여 우상을 만들라 하더라 (계 13:14)

(Rev 13:14) :

저가 권세를 받아 그 짐승의 우상에게 생기를 주어 그 짐승의 우상으로 말하게 하고 또 짐승의 우상에게 경배하지 아니하는 자는 몇이든지 다 죽이게 하더라 (계 13:15) :

(Rev 13:15) :

저가 모든 자 곧 작은 자나 큰 자나 부자나 빈궁한 자나 자유한 자나 종들로 그 오른손에나 이마에 표를 받게 하고 (계 13:16)

(Rev 13:16) :

누구든지 이 표를 가진 자 외에는 매매를 못하게 하니 이 표는 곧 짐승의 이름이나 그 이름의 수라 (계 13:17)

(Rev 13:17) :

【나눔 학습】 함께 생각해 보세요!

1) 한 짐승이 나오는데 뿔이 열이요 머리가 일곱이라 그 뿔에는 열 면류관이 있고 그 머리들에는 참람된 이름들이 있는 짐승은 어디서 올라왔나요?

Where a beast comes out, whose horns are ten, and head is seven, and horns have a crown, and heads are blasphemy beasts is Where did the animal come from?

A (계 13:1) / (Rev 13:1)

2) 짐승이 과장되고 신성 모독을 말하는 입을 받고 몇 달 동안 일할 권세를 받는가요?

Does the beast receive the authority to exaggerate, blasphemy, and to work for how many months?

A (계 13:5) / (Rev 13:5)

3) 또 다른 짐승이 올라오니 새끼 양같이 두 뿔이 있고 용처럼 말하는 짐승은 어디서 올라 왔나요?

Where did the beast come up? what Another beast came up, having two horns like a lamb, and speaking like a dragon.

A (계 13:11) / (Rev 13:11)

4) 저가 권세를 받아 그 짐승의 우상에게 생기를 주어 그 짐승의 우상으로 말하게 하고 또 짐승의 우상에게 경배하지 아니하는 자는 몇이든지 다 죽이게 하더라고 한 짐승은 어디서 온 어떤 짐승인가요?

Who He was given power and gave life to the image of the beast, Let him speak with the image of the beast. He who does not worship the image of the beast They killed everybody. So that Where is a beast came from?

A (계 13:15) / (Rev 13:15)

13 부활＊휴거
[Resurrection rapture]

이 땅에서 고난과 환란으로 정결하게 신부단장한 잘 익어진 성도들은 예수님께서 익은 곡식을 거두실 때 공중에서 신령한 몸으로 영광 스럽고 썩지 않은 모습으로 올려집니다.

보라 내가 너희에게 비밀을 말하노니 우리가 다 잠잘 것이 아니요 마지막 나팔에 순식간에 홀연히 다 변화하리니 (고전 15:51)
(1 Cor 15:51) :

나팔 소리가 나매 죽은 자들이 썩지 아니할 것으로 다시 살고 우리도 변화하리라 (고전 15:52)
(1 Cor 15:52) :

또 다른 천사가 성전으로부터 나와 구름 위에 앉은이를 향하여 큰 음성으로 외쳐 가로되 네 낫을 휘둘러 거두라 거둘 때가 이르러 땅에 곡식이 다 익었음이로다 하니 (계 14:15)
(Rev 14:15) :

구름 위에 앉으신 이가 낫을 땅에 휘두르매 곡식이 거두어지니라 (계 14:16)
(Rev 14:16) :

주께서 호령과 천사장의 소리와 하나님의 나팔로 친히 하늘로 좇아 강림하시리니 그리스도 안에서 죽은 자들이 먼저 일어나고 (살전 4:16)
(1Thes 4:16) :

그 후에 우리 살아 남은 자도 저희와 함께 구름 속으로 끌어 올려 공중에서 주를 영접하게 하시리니 그리하여 우리가 항상 주와 함께 있으리라 (살전 4:17)
(1Thes 4:17) :

사람이 죽은 자 가운데서 살아날 때에는 장가도 아니가고 시집도 아니가고 하늘에 있는 천사들과 같으니라 (막 12:25)
(Mk 12:25) :

예수께서 이르시되 이 세상의 자녀들은 장가도 가고 시집도 가되 (눅 20:34)
(Lk 20:34) :

저 세상과 및 죽은 자 가운데서 부활함을 얻기에 합당히 여김을 입은 자들은 장가가고 시집가는 일이 없으며 (눅 20:35)

(Lk 20:35) :

저희는 다시 죽을 수도 없나니 이는 천사와 동등이요 부활의 자녀로서 하나님의 자녀임이니라 (눅 20:36)

(Lk 20:36) :

내 아버지의 뜻은 아들을 보고 믿는 자마다 영생을 얻는 이것이니 마지막 날에 내가 이를 다시 살리리라 하시니라 (요 6:40)

(Jn 6:40) :

또 가라사대 이러하므로 전에 너희에게 말하기를 내 아버지께서 오게 하여주지 아니하시면 누구든지 내게 올 수 없다 하였노라 하시니라 (요 6:65)

(Jn 6:65) :

예수를 죽은 자 가운데서 살리신 이의 영이 너희 안에 거하시면 그리스도 예수를 죽은 자 가운데서 살리신 이가 너희 안에 거하시는 그의 영으로 말미암아 너희 죽을 몸도 살리시리라 (롬 8:11)

(Rom 8:11) :

오직 우리의 시민권은 하늘에 있는지라 거기로서 구원하는 자 곧 주 예수 그리스도를 기다리노니 (빌 3:20)

(Phil 3:20) :

그가 만물을 자기에게 복종케 하실 수 있는 자의 역사로 우리의 낮은 몸을 자기 영광의 몸의 형체와 같이 변케 하시리라 (빌 3:21)

(Phil 3:21) :

【나눔 학습】 함께 생각해 보세요!

1) 어떤 나팔소리에 순식간에 홀연히 다 변화되어집니까?

What kind of trumpet is suddenly changed all at once?

A (고전 15:51) / (1 Cor 15:51)

2) 구름 위에 앉으신 이가 낮을 땅에 휘두르매 땅의 무엇이 거두어집니까?

Who sat on the clouds He wields the sickle to the earth. What is harvested from earth?

A (계 14:16) / (Rev 14:16)

3) 곡식을 왜 거두십니까?

Why does Lord harvest the grain?

A (계 14:15) / (Rev 14:15)

4) 사람이 죽은 자 가운데서 살아날 때에는 장가도 아니가고 시집도 아니가고 하늘에 있는 무엇과 같습니까?

what is in heaven? That when a man is risen from the dead, neither marriage nor marriage.

A (막 12:25) / (Mk 12:25)

5) 우리가 죽어있을 때 죽을 몸을 살리실 때 어떤 과정으로 살리시어 부활되어지나요 ?

When we are alive after we die, what is the process of resurrection?

A (롬 8:11) / (Rom 8:11)

14 짐승표와 독한 헌데

[The mark of the beast and the a evil sore]

짐승표를 받고 우상에게 경배하는 사람에게 온 몸에 독한 헌데가 발생하며 독종으로 아파서 이를 깨물며 심한 고통을 받게 되는데 도리어 자기 행위를 회개하지 않고 하나님을 원망하며 고통을 당합니다.

첫째가 가서 그 대접을 땅에 쏟으매 악하고 독한 헌데가 짐승의 표를 받은 사람들과 그 우상에게 경배하는 자들에게 나더라 (계 16:2)

(Rev 16:2) :

아픈 것과 종기로 인하여 하늘의 하나님을 훼방하고 저희 행위를 회개치 아니하더라 (계 16:11)

(Rev 16:11) :

또 여섯째가 그 대접을 큰 강 유브라데에 쏟으매 강물이 말라서 동방에서 오는 왕들의 길이 예비되더라 (계 16:12)

(Rev 16:12) :

또 내가 보매 개구리 같은 세 더러운 영이 용의 입과 짐승의 입과 거짓 선지자의 입에서 나오니 (계 16:13)

(Rev 16:13) :

저희는 귀신의 영이라 이적을 행하여 온 천하 임금들에게 가서 하나님 곧 전능하신이의 큰 날에 전쟁을 위하여 그들을 모으더라 (계 16:14)

(Rev 16:14) :

보라 내가 도적 같이 오리니 누구든지 깨어 자기 옷을 지켜 벌거벗고 다니지 아니하며 자기의 부끄러움을 보이지 아니하는 자가 복이 있도다 (계 16:15)

(Rev 16:15) :

세 영이 히브리 음으로 아마겟돈이라 하는 곳으로 왕들을 모으더라 (계 16:16)

(Rev 16:16) :

일곱 대접재앙[The seven bowl disaster]	
1째 대접 The first bowl	첫째 천사가 가서 그 대접을 땅에 쏟으매 짐승의 표를 받은 사람들과 그 우상에게 경배하는 자들에게 악하고 독한 종기가 나더라 (계:16:2) (Rev 16:2) :
2째 대접 The second bowl	둘째 천사가 그 대접을 바다에 쏟으매 바다가 곧 죽은 자의 피 같이 되니 바다 가운데 모든 생물이 죽더라 (계16:3) (Rev 16:3) :
3째 대접 The Third bowl	셋째 천사가 그 대접을 강과 물 근원에 쏟으매 피가 되더라 (계16:4) (Rev 16:4) :
4째 대접 The Fourth bowl	넷째 천사가 그 대접을 해에 쏟으매 해가 권세를 받아 불로 사람들을 태우니 (계16:8) (Rev 16:8) :
5째 대접 The fifth bowl	또 다섯째 천사가 그 대접을 짐승의 왕좌에 쏟으니 그 나라가 곧 어두워지며 사람들이 아파서 자기 혀를 깨물고 (계16:10) (Rev 16:10) : 아픈 것과 종기로 말미암아 하늘의 하나님을 비방하고 그들의 행위를 회개하지 아니하더라 (계16:11) (Rev 16:11) :
6째 대접 The sixth bowl	여섯째 천사가 그 대접을 큰 강 유브라데에 쏟으매 강물이 말라서 동방에서 오는 왕들의 길이 예비되었더라 (계16:12) (Rev 16:12) : 그들은 귀신의 영이라 이적을 행하여 온 천하 왕들에게 가서 하나님 곧 전능하신 이의 큰 날에 있을 전쟁을 위하여 그들을 모으더라 (계16:14) (Rev 16:14) :
7째 대접 The seventh bowl	일곱째 천사가 그 대접을 공중에 쏟으매 큰 음성이 성전에서 보좌로부터 나서 이르되 되었다 하시니 (계16:17) (Rev 16:17) : 번개와 음성들과 우렛소리가 있고 또 큰 지진이 있어 얼마나 큰지 사람이 땅에 있어 온 이래로 이같이 큰 지진이 없었더라 (계16:18) (Rev 16:18) :

일곱째 천사가 소리 내는 날 그 나팔을 불게 될 때에 하나님의 비밀이 그 종 선지자들에게 전하신 복음과 같이 이루리라 (계 10:7)

(Rev 10:7) :

일곱째가 그 대접을 공기 가운데 쏟으매 큰 음성이 성전에서 보좌로부터 나서 가로되 되었나 하니 (계 16:17)

(Rev 16:17) :

번개와 음성들과 뇌성이 있고 또 큰 지진이 있어 어찌 큰지 사람이 땅에 있어 옴으로 이같이 큰 지진이 없었더라 (계 16:18)

(Rev 16:18) :

큰 성이 세 갈래로 갈라지고 만국의 성들도 무너지니 큰 성 바벨론이 하나님 앞에 기억하신바 되어 그의 맹렬한 진노의 포도주 잔을 받으매 (계 16:19)

(Rev 16:19) :

각 섬도 없어지고 산악도 간데 없더라 (계 16:20)

(Rev 16:20) :

【나눔 학습】 함께 생각해 보세요!

1) 첫 째 대접의 재앙들은?

What are the plagues of the first bowl?

A (계 16:2) / (Rev 16:2)

2) 둘 째 대접의 재앙들은?

What are the plagues of the second bowl?

A (계 16:3) / (Rev 16:3)

3) 셋 째 대접의 재앙들은?

What are the plagues of the third bowl?

A (계 16:4) / (Rev 16:4)

4) 넷 째 대접의 재앙들은?

What are the plagues of the fourth bowl?

A (계 16:8) / (Rev 16:8)

5) 다섯 째 대접의 재앙들은?

What are the plagues of the fifth bowl?

A (계 16:10) / (Rev 16:10)

6) 여섯 째 대접의 재앙들은?

What are the plagues of the sixth bowl?

A (계 16:12-16) / (Rev 16:12-16)

7) 일곱 째 대접의 재앙들은?

What are the plagues of the seventh bowl?

A (계 16:18-20) / (Rev 16:18-20)

아마겟돈 전쟁 (짐승군대와 예수님 군대 전쟁)

[Armageddon War (Beast army and Jesus Army War)]

인류 마지막 전쟁인 하나님의 전쟁의 날을 준비하며 짐승이 거짓선지자들과 온 천하 세상 왕들을 아마겟돈으로 모아서 예수 그리스도와 그의 빛의 군대들과 싸우는 전쟁입니다.

너희는 자산 위에 기호를 세우고 소리를 높여 그들을 부르며 손을 흔들어 그들로 존귀한 자의 문에 들어가게 하라 (사 13:2)

(Isa 13:2) :

내가 나의 거룩히 구별한 자에게 명하고 나의 위엄을 기뻐하는 용사들을 불러 나의 노를 풀게 하였느니라 (사 13:3)

(Isa 13:3) :

산에서 무리의 소리가 남이여 많은 백성의 소리 같으니 곧 열국 민족이 함께 모여 떠드는 소리라 만군의 여호와께서 싸움을 위하여 군대를 검열하심이로다 (사 13:4)

(Isa 13:4) :

여호와의 날 곧 잔혹히 분냄과 맹렬히 노하는 날이 임하여 땅을 황무케 하며 그 중에서 죄인을 멸하리니 (사 13:9)

(Isa 13:9) :

하늘의 별들과 별 떨기가 그 빛을 내지 아니하며 해가 돋아도 어두우며 달이 그 빛을 비취지 아니할 것이로다 (사 13:10)

(Isa 13:10) :

내가 세상의 악과 악인의 죄를 벌하며 교만한 자의 오만을 끊으며 강포한 자의 거만을 낮출 것이며 (사 13:11)

(Isa 13:11) :

내가 사람을 정금보다 희소케 하며 오빌의 순금보다 희귀케 하리로다 (사 13:12)

(Isa 13:12) :

나 만군의 여호와가 분하여 맹렬히 노하는 날에 하늘을 진동시키며 땅을 흔들어 그 자리에서 떠나게 하리니 (사 13:13)

(Isa 13:13) :

열국의 영광이요 갈대아 사람의 자랑하는 노리개가 된 바벨론이 하나님께 멸망 당한 소돔과 고모라 같이 되리니 (사 13:19)

(Isa 13:19) :

여호와의 날이 이르리라 그 날에 네 재물이 약탈되어 너의 중에서 나누이리라 (슥 14:1)

(Zec 14:1) :

내가 열국을 모아 예루살렘과 싸우게 하리니 성읍이 함락되며 가옥이 약탈되며 부녀가 욕을 보며 성읍 백성이 절반이나 사로잡혀 가려니와 남은 백성은 성읍에서 끊쳐지지 아니하리라 (슥 14:2)

(Zec 14:2) :

그 때에 여호와께서 나가사 그 열국을 치시되 이왕 전쟁 날에 싸운 것 같이 하시리라 (슥 14:3)

(Zec 14:3) :

그 날에 그의 발이 예루살렘 앞 곧 동편 감람산에 서실 것이요 감람산은 그 한가운데가 동서로 갈라져 매우 큰 골짜기가 되어서 산 절반은 북으로, 절반은 남으로 옮기고 (슥 14:4)

(Zec 14:4) :

그 산 골짜기는 아셀까지 미칠찌라 너희가 그의 산 골짜기로 도망하되 유다 왕 웃시야 때에 지진을 피하여 도망하던 것 같이 하리라 나의 하나님 여호와께서 임하실 것이요 모든 거룩한 자가 주와 함께하리라 (슥 14:5)

(Zec 14:5) :

그 날에는 빛이 없겠고 광명한 자들이 떠날 것이라 (슥 14:6)

(Zec 14:6) :

여호와의 아시는 한 날이 있으리니 낮도 아니요 밤도 아니라 어두워 갈 때에 빛이 있으리로다 (슥 14:7)

(Zec 14:7) :

그 날에 생수가 예루살렘에서 솟아나서 절반은 동해로, 절반은 서해로 흐를 것이라 여름에도 겨울에도 그러하리라 (슥 14:8)

(Zec 14:8) :

여호와께서 천하의 왕이 되시리니 그 날에는 여호와께서 홀로 하나이실 것이요 그 이름이 홀로 하나이실 것이며 (슥 14:9)

(Zec 14:9) :

그 날 환난 후에 즉시 해가 어두워지며 달이 빛을 내지 아니하며 별들이 하늘에서 떨어지며 하늘의 권능들이 흔들리리라 (마 24:29)

(Mat 24:29) :

그 때에 인자의 징조가 하늘에서 보이겠고 그 때에 땅의 모든 족속들이 통곡하며 그들이 인자가 구름을 타고 능력과 큰 영광으로 오는 것을 보리라 (마 24:30)

(Mat 24:30) :

저가 큰 나팔소리와 함께 천사들을 보내리니 저희가 그 택하신 자들을 하늘 이 끝에서 저 끝까지 사방에서 모으리라 (마 24:31)

(Mat 24:31) :

볼찌어다 구름을 타고 오시리라 각인의 눈이 그를 보겠고 그를 찌른 자들도 볼터이요 땅에 있는 모든 족속이 그를 인하여 애곡하리니 그러하리라 아멘 (계 1:7)

(Rev 1:7) :

저희가 어린 양으로 더불어 싸우려니와 어린 양은 만주의 주시요 만왕의 왕이시므로 저희를 이기실터이요 또 그와 함께 있는 자들 곧 부르심을 입고 빼내심을 얻고 진실한 자들은 이기리로다 (계 17:14)

(Rev 17:14) :

하나님이 자기 뜻내로 할 마음을 저희에게 주사 한 뜻을 이루게 하시고 저희 나라를 그 짐승에게 주게 하시되 하나님 말씀이 응하기까지 하심이니라 (계 17:17)

(Rev 17:17) :

또 네가 본 그 여자는 땅의 왕들을 다스리는 큰 성이라 하더라 (계 17:18)

(Rev 17:18) :

바벨론 가운데서 도망하여 나와서 각기 생명을 구원하고 그의 죄악으로 인하여 끊침을 보지 말지어다 이는 여호와의 보수의 때니 그에게 보복하시리라 (렘 51:6)

(Jer 51:6) :

바벨론은 여호와의 수중의 온 세계로 취케 하는 금잔이라 열방이 그 포도주를 마시고 인하여 미쳤도다 (렘 51:7)

(Jer 51:7) :

그 여자는 자주 빛과 붉은 빛 옷을 입고 금과 보석과 진주로 꾸미고 손에 금잔을 가졌는데 가증한 물건과 그의 음행의 더러운 것들이 가득하더라 (계 17:4)

(Rev 17:4) :

그가 어떻게 자기를 영화롭게 하였으며 사치하였든지 그만큼 고난과 애통으로 갚아 주라 그가 마음에 말하기를 나는 여황으로 앉은 자요 과부가 아니라 결단코 애통을 당하지 아니하리라 하니 (계 18:7)

(Rev 18:7) :

또 내가 하늘이 열린 것을 보니 보라 백마와 그것을 탄 자가 있으니 그 이름은 충신과 진실이라 그가 공의로 심판하며 싸우더라 (계 19:11)

(Rev 19:11) :

또 그가 피 뿌린 옷을 입었는데 그 이름은 하나님의 말씀이라 칭하더라 (계 19:13)

(Rev 19:13) :

하늘에 있는 군대들이 희고 깨끗한 세마포 옷을 입고 백마를 타고 그를 따르더라 (계 19:14)

(Rev 19:14) :

그 옷과 그 다리에 이름 쓴 것이 있으니 만왕의 왕이요 만주의 주라 하였더라 (계 19:16)

(Rev 19:16) :

또 내가 보매 그 짐승과 땅의 임금들과 그 군대들이 모여 그 말 탄 자와 그의 군대로 더불어 전쟁을 일으키다가 (계 19:19)

(Rev 19:19) :

짐승이 잡히고 그 앞에서 이적을 행하던 거짓 선지자도 함께 잡혔으니 이는 짐승의 표를 받고 그의 우상에게 경배하던 자들을 이적으로 미혹하던 자라 이 둘이 산채로 유황불 붙는 못에 던지우고 (계 19:20)

(Rev 19:20) :

만군의 여호와가 말하노라 그 날에 내가 우상의 이름을 이 땅에서 끊어서 기억도 되지 못하게 할 것이며 거짓 선지자와 더러운 사귀를 이 땅에서 떠나게 할 것이라 (슥 13:2)

(Zech 13:2) :

그 날에 여호와께서 그 견고하고 크고 강한 칼로 날랜 뱀 리워야단 곧 꼬불꼬불한 뱀 리워야단을 벌하시며 바다에 있는 용을 죽이시리라 (사 27:1)

(Isa 27:1) :

곧 성령으로 나를 데리고 광야로 가니라 내가 보니 여자가 붉은 빛 짐승을 탔는데 그 짐승의 몸에 참람된 이름들이 가득하고 일곱 머리와 열 뿔이 있으며 (계 17:3)

(Rev 17:3) :

그 이마에 이름이 기록되었으니 비밀이라, 큰 바벨론이라, 땅의 음녀들과 가증한 것들의 어미라 하였더라 (계 17:5)

(Rev 17:5) :

또 내가 보매 이 여자가 성도들의 피와 예수의 증인들의 피에 취한지라 내가 그 여자를 보고 기이히 여기고 크게 기이히 여기니 (계 17:6)

(Rev 17:6) :

내가 또 그것으로 고슴도치의 굴혈과 물웅덩이가 되게 하고 또 멸망의 비로 소제하리라 나 만군의 여호와의 말이니라 (사 14:23)

(Isa 14:23) :

만군의 여호와께서 맹세하여 가라사대 나의 생각한 것이 반드시 되며 나의 경영한 것이 반드시 이루리라 (사 14:24)

(Isa 14:24) :

이것이 온 세계를 향하여 정한 경영이며 이것이 열방을 향하여 편 손이라 하셨나니 (사 14:26)

(Isa 14:26) :

만군의 여호와께서 경영하셨은즉 누가 능히 그것을 폐하며 그 손을 펴셨은즉 누가 능히 그것을 돌이키랴 (사 14:27)

(Isa 14:27) :

가난한 자의 장자는 먹겠고 빈핍한 자는 평안히 누우려니와 내가 너의 뿌리를 기근으로 죽일 것이요 너의 남은 자는 살륙을 당하리라 (사 14:30)

(Isa 14:30) :

성문이여 슬피 울찌어다 성읍이여 부르짖을찌어다 너 블레셋이여 다 소멸되게 되었도다 대저 연기가 북방에서 오는데 그 항오를 떨어져 행하는 자 없느니라 (사 14:31)

(Isa 14:31) :

그 나라 사신들에게 어떻게 대답하겠느냐 여호와께서 시온을 세우셨으니 그의 백성의 곤고한 자들이 그 안에서 피난하리라 할 것이니라 (사 14:32)

(Isa 14:32) :

땅의 티끌 가운데서 자는 자 중에 많이 깨어 영생을 얻는 자도 있겠고 수욕을 받아서 무궁히 부끄러움을 입을 자도 있을 것이며 (단 12:2)

(Dan 12:2) :

많은 사람이 연단을 받아 스스로 정결케 하며 희게 할 것이나 악한 사람은 악을 행하리니 악한 자는 아무도 깨닫지 못하되 오직 지혜 있는 자는 깨달으리라 (단 12:10)

(Dan 12:10) :

그 두루마기를 빠는 자들은 복이 있으니 이는 저희가 생명 나무에 나아가며 문들을 통하여 성에 들어갈 권세를 얻으려 함이로다 (계 22:14)

(Rev 22:14) :

그러므로 너희가 회개하고 돌이켜 너희 죄 없이 함을 받으라 이같이 하면 유쾌하게 되는 날이 주 앞으로부터 이를 것이요 (행 3:19)

(Acts 3:19) :

또 주께서 너희를 위하여 예정하신 그리스도 곧 예수를 보내시리니 (행 3:20)

(Acts 3:20) :

하나님이 영원 전부터 거룩한 선지자의 입을 의탁하여 말씀하신바 만유를 회복하실 때까지는 하늘이 마땅히 그를 받아 두리라 (행 3:21)

(Acts 3:21) :

모세가 말하되 주 하나님이 너희를 위하여 너희 형제 가운데서 나 같은 선지자 하나를 세울 것이니 너희가 무엇이든지 그 모든 말씀을 들을 것이라 (행 3:22) / (신 18:18)

(Acts 3:22) :　　(Deut 18:18) :

누구든지 그 선지자의 말을 듣지 아니하는 자는 백성 중에서 멸망 받으리라 하였고 (행 3:23)

(Acts 3:23) :

【나눔 학습】 함께 생각해 보세요!

1) 여호와의 날 곧 잔혹히 분냄과 맹렬히 노하는 날이 임하여 땅을 황무케 하며 그중에 누구를 멸하시는가?

In the day of Jehovah, when a day of cruel and angry rage comes, making the earth desolate who does he destroy?

A (사 13:9) / (Isa 13:9)

2) 환란날의 천체 현상은?

What are the phenomenon of the sky on the day of trouble?

A (사 13:10) / (Isa 13:10)

3) 환란을 주시는 이유들은 무엇입니까?

What are the reasons for the tribulation?

A (사 13:11-12) / (Isa 13:11-12)

4) 여호와께서 오시는 장소는?

Where is Jehovah's coming?

A (슥 14:4) / (Zec 14:4)

재앙 비교[Disaster comparison]			
환난 장소 Place of trouble	7 나팔재앙 (7 Trumpet disaster)	환난 장소 Place of trouble	7 대접재앙 (7 bowl disaster)
땅 (land)	땅 수목 푸른풀 3/1 불에탐 (계 8:7) / (Rev 8:7) :	사람들 (People)	짐승표를 받고 짐승에게 경배한자 독한헌데 발생 (계16:2) / (Rev 16:2) :
바다 sea	바다3/1피가되고 (계 8:8) / (Rev 8:8) : 배3/1 파괴 되고 바다 생물과 피조물 3/1죽음 (계 8:9) / (Rev 8:9) :	바다 sea	바다가 피같이 되고 생물이 죽음 (계16:3) / (Rev 16:3) :
강과 샘 River and spring water	강물이 3/1 쓰게되어 사람 3/1 죽음 (계 8:11) / (Rev 8:11) :	강과 샘 River and spring water	강과 샘이 피가 됨 (계16:4) / (Rev 16:4) :
천체 heavenly body	해,달,별 3/1이 빛을 잃음 (계 8:12) / (Rev 8:12) :	사람들 (People)	해가 사람들을 태워죽임 (계16:8) / (Rev 16:8) :
인 맞지 않은 사람들 who did not have a seal	황충이 인맞지 않은 사람들을 5달 동안 괴롭힘 (계 9:4) / (Rev 9:4) :	사람들 (People)	아픈것과 종기로 인해 하나님을 훼방하고 회개치 않음. (계16:11) / (Rev 16:11) :
유브라데스강 River Euphrates	네 천사가 사람 3/1 죽이기로 예비된자 (계 9:15) / (Rev 9:15) : 이만만 마병대 준비 (계 9:16) / (Rev 9:16) : 불과 유황에 사람 3/1 (계 9:18) / (Rev 9:18) :	아마겟돈 Armaged-don	귀신의 영들이 온천하 임금들을 모아 하나님의 큰 날에 전쟁을 준비함 (계16:14) / (Rev 16:14) :
하늘과 땅 In the sky and arth	일곱째 천사가 나팔을 불매 하늘에 큰 음성들이 나서 이르되 세상 나라가 우리 주와 그의 그리스도의 나라가 됨 (계 11:15) / (Rev 11:15) : 셋째 화 - 주의 진노가 임함 (계 11:18) / (Rev 11:18) :	바벨론 To the Babylon	아마겟돈으로 왕들을 모음 (계16:16) / (Rev 16:16) : 일곱째 대접을 공기가운데 쏟으매 (계16:17) / (Rev 16:17) : 천둥,번개,우박,지진으로 큰 성 바벨론이 무너짐 (계16:19) / (Rev 16:19) :
그 때에 네 민족을 호위하는 큰 군주 미가엘이 일어날 것이요 또 환난이 있으리니 이는 개국 이래로 그 때까지 없던 환난일 것이며 그 때에 네 백성 중 책에 기록된 모든 자가 구원을 받을 것이라 (단12:1) / (Dan 12:1)			

사단이 무저갱에 갇힘(계 20:2)

[Satan is trapped in the abyss (Rev 20:2)]

아마겟돈 전쟁에서 예수님과 군대들과 천사들에 의해 짐승이 산채로 유황 불붙는 못에 던져지고 천사가 무저갱의 열쇠와 쇠사슬을 가지고 하늘에서 내려와 용을 잡아 일 천년 동안 무저갱에 가두게 됩니다.

또 내가 보매 천사가 무저갱 열쇠와 큰 쇠사슬을 그 손에 가지고 하늘로서 내려와서 (계 20:1)

(Rev 20:1) :

용을 잡으니 곧 옛 뱀이요 마귀요 사단이라 잡아 일천년 동안 결박하여 (계 20:2)

(Rev 20:2) :

무저갱에 던져 잠그고 그 위에 인봉하여 천년이 차도록 다시는 만국을 미혹하지 못하게 하였다가 그 후에는 반드시 잠간 놓이리라 (계 20:3)

(Rev 20:3) :

그 날에 여호와께서 그 견고하고 크고 강한 칼로 날랜 뱀 리워야단 곧 꼬불꼬불한 뱀 리워야단을 벌하시며 바다에 있는 용을 죽이시리라 (사 27:1)

(Isa 27:1) :

만군의 여호와가 말하노라 그 날에 내가 우상의 이름을 이 땅에서 끊어서 기억도 되지 못하게 할 것이며 거짓 선지자와 더러운 사귀를 이 땅에서 떠나게 할 것이라 (슥 13:2)

(Zech 13:2) :

네 영화가 음부에 떨어졌음이여 너의 비파 소리까지로다 구더기가 네 아래 깔림이여 지렁이가 너를 덮었도다 (사 14:11)

(Isa 14:11) :

너 아침의 아들 계명성이여 어찌 그리 하늘에서 떨어졌으며 너 열국을 엎은 자여 어찌 그리 땅에 찍혔는고 (사 14:12)

(Isa 14:12) :

네가 네 마음에 이르기를 내가 하늘에 올라 하나님의 뭇별 위에 나의 보좌를 높이리라 내가 북극 집회의 산 위에 좌정하리라 (사 14:13)

(Isa 14:13) :

가장 높은 구름에 올라 지극히 높은 자와 비기리라 하도다 (사 14:14)

(Isa 14:14) :

그러나 이제 네가 음부 곧 구덩이의 맨밑에 빠치우리로다 (사 14:15)

(Isa 14:15) :

너를 보는 자가 주목하여 너를 자세히 살펴 보며 말하기를 이 사람이 땅을 진동시키며 열국을 경동시키며 (사 14:16)

(Isa 14:16) :

세계를 황무케 하며 성읍을 파괴하며 사로잡힌 자를 그 집으로 놓아 보내지 않던 자가 아니뇨 하리로다 (사 14:17)

(Isa 14:17) :

네가 자기 땅을 망케 하였고 자기 백성을 죽였으므로 그들과 일반으로 안장함을 얻지 못하나니 악을 행하는 자의 후손은 영영히 이름이 나지 못하리로다 할찌니라 (사 14:20)

(Isa 14:20) :

만군의 여호와께서 말씀하시되 내가 일어나 그들을 쳐서 그 이름과 남은 자와 아들과 후손을 바벨론에서 끊으리라 나 여호와의 말이니라 (사 14:22)

(Isa 14:22) :

【나눔 학습】 함께 생각해 보세요!

1) 하늘로 부터 내려오는 천사는 무엇을 가지고 옵니까?

What does An angel bring from heaven?

A (계 20:1) / (Rev 20:1)

2) 사탄은 몇 년동안 무저갱에 갇히게 되나요?

how long time Will Satan be trapped in the abyss?

A (계 20:2) / (Rev 20:2)

3) 첫째 부활에 참여하는 자들은 어떤신분 입니까?

What are they identity? Those who participated in the first resurrection.

A (계 20:6) / (Rev 20:6)

4) 만국을 미혹하지 못하도록 무저갱에 던져 넣어 잠그고 그 위에 인봉하여 천 년이 차도록 결박된 것들은 무엇인가요 ?

What are those that are thrown into the abyss to lock the nations and locked up to seal them over a thousand years?

A (계 20:2) / (Rev 20:2)

5) 그 날에 여호와께서 벌하시며 죽이실 것 들은 무엇인가요?

What will the Lord punish and kill on that day?

A (슥 13:2 | 사 27:1 | 계 20:2) / (Zec 13:2 | Is 27:1 | Rev 20:2)

6) 만군의 여호와가 말하노라 그 날에 내가 (　　　)의 이름을 이 땅에서 끊어서 기억도 되지 못하게 할 것이며 (　　　)와 (　　　)를 이 땅에서 떠나게 할 것이라.

On that day, the LORD Almighty will say, "I will cut off the name of this land from this land, and will not let it be remembered.

A (슥 13:2) / (Zec 13:2)

7) 너 아침의 아들 (　　　)이여 어찌 그리 하늘에서 떨어졌으며 너 (　　　)을 엎은 자여 어찌 그리 땅에 찍혔는고

How art thou fallen from heaven, (　　　), son of the morning! how art thou cut down to the ground, that didst lay low the (　　　).

A (사14:12) / (Isa 14:12)

8) 바벨론은 누구의 처소입니까?

Whose dwelling place is Babylon?

A (계18:2) / (Rev18:2)

9) 그 (　　)의 진노의 포도주를 인하여 만국이 무너졌으며 또 땅의 왕들이 그로 더불어 음행하였으며 땅의 상고들도 그 (　　)을 인하여 치부하였도다 하더라

For by the wine of the wrath of her (　　　) all the nations are fallen; and the kings of the earth committed fornication with her, and the merchants of the earth waxed rich by (　　　).

A (계 18:3) / (Rev 18:3)

10) 큰 음녀는 무엇으로 열국을 더럽혔는지 나눠봅시다.

Let us share what a great lewd woman has defiled the nations.

A (계 18:3) / (Rev 18:3)

11) 하나님의 백성들은 무엇에 참여하지 말아야 하나요?

What should the people of God not participate in?

A (계 18:4) / (Rev 18:4)

12) 그 여자는 자주 빛과 붉은 빛 옷을 입고 금과 보석과 진주로 꾸미고 손에 금잔을 가졌는데 가증한 물건과 그의 음행의 더러운 것들이 가득하더라 중에서 그 여자는 누구입니까?

She was dressed with light and red clothing, with gold, jewels, and pearls, and had a golden cup in her hand, full of abominations and unclean things of her sexual immorality. Who is she?

A (계 17:4) / (Rev 17:4)

13) 음녀 여자가 무엇에 취해 있습니까?

What did a Fornication woman drunk on?

A (계 17:6) / (Rev 17:6)

17 천년왕국(계 20:4)

[The thousnad years Kingdom(Rev 20:4)]

예수의 증거와 하나님의 말씀을 인하여 목 베임을 당한 영혼들과 짐승과 그의 우상에게 경배하지 않고 짐승의 표를 받지 않은 자들은 첫째 부활로 살아서 세상나라가 그리스도 나라가 될 때 예수님과 함께 살게 됩니다.

일곱째 천사가 나팔을 불매 하늘에 큰 음성들이 나서 가로되 세상 나라가 우리 주와 그 그리스도의 나라가 되어 그가 세세토록 왕노릇 하시리로다 하니 (계 11:15)
(Rev 11:15) :

그 날에 만군의 여호와께서 그 남은 백성에게 영화로운 면류관이 되시며 아름다운 화관이 되실 것이라 (사 28:5)
(Isa 28:5) :

또 내가 보좌들을 보니 거기 앉은 자들이 있어 심판하는 권세를 받았더라 또 내가 보니 예수의 증거와 하나님의 말씀을 인하여 목 베임을 받은 자의 영혼들과 또 짐승과 그의 우상에게 경배하지도 아니하고 이마와 손에 그의 표를 받지도 아니한 자들이 살아서 그리스도로 더불어 천년 동안 왕 노릇 하니 (계 20:4)
(Rev 20:4) :

이 첫째 부활에 참예하는 자들은 복이 있고 거룩하도다 둘째 사망이 그들을 다스리는 권세가 없고 도리어 그들이 하나님과 그리스도의 제사장이 되어 천년 동안 그리스도로 더불어 왕노릇 하리라 (계 20:6)
(Rev 20:6) :

그 때에 이리가 어린 양과 함께 거하며 표범이 어린 염소와 함께 누우며 송아지와 어린 사자와 살찐 짐승이 함께 있어 어린 아이에게 끌리며 (사 11:6)
(Isa 11:6) :

암소와 곰이 함께 먹으며 그것들의 새끼가 함께 엎드리며 사자가 소처럼 풀을 먹을 것이며 (사 11:7)
(Isa 11:7) :

젖먹는 아이가 독사의 구멍에서 장난하며 젖뗀 어린 아이가 독사의 굴에 손을 넣을 것이라 (사 11:8)
(Isa 11:8) :

나의 거룩한 산 모든 곳에서 해됨도 없고 상함도 없을 것이니 이는 물이 바다를 덮음 같이 여호와를 아는 지식이 세상에 충만할 것임이니라 (사 11:9)
(Isa 11:9) :

그 날에 이새의 뿌리에서 한 싹이 나서 만민의 기치로 설 것이요 열방이 그에게로 돌아오리니 그가 거한 곳이 영화로우리라 (사 11:10)
(Isa 11:10) :

그 날에 주께서 다시 손을 펴사 그 남은 백성을 앗수르와 애굽과 바드로스와 구스와 엘람과 시날과 하맛과 바다 섬들에서 돌아오게 하실 것이라 (사 11:11)
(Isa 11:11) :

여호와께서 열방을 향하여 기호를 세우시고 이스라엘의 쫓긴 자를 모으시며 땅 사방에서 유다의 이산한 자를 모으시리니 (사 11:12)
(Isa 11:12) :

그 날에 너희가 또 말하기를 여호와께 감사하라 그 이름을 부르며 그 행하심을 만국 중에 선포하며 그 이름이 높다 하라 (사 12:4)
(Isa 12:4) :

여호와를 찬송할 것은 극히 아름다운 일을 하셨음이니 온 세계에 알게 할찌어다 (사 12:5)
(Isa 12:5) :

시온의 주민아 소리 높여 부르라 이스라엘의 거룩하신 이가 너희 중에서 크심이니라 할 것이니라 (사 12:6)
(Isa 12:6) :

【나눔 학습】 함께 생각해 보세요!

1) 세상나라가 그리스도 나라가 되는 신호는 무엇입니까?

What is the sign that the world is a Christian nation?

A (계 11:15) / (Rev 11:15)

2) 그리스도와 더불어 천 년 동안 왕 노릇 하는 사람들은 어떤분들 입니까?

Who are those who reign with Christ for a thousand years?

A (계 20 :4) / (Rev 20:4)

18 마귀가 불과 유황에 던져짐(Rev 20:9)

[The devil will be thrown into the fire and sulfur (Rev 20:9)]

천 년이 차매 사단이 옥에서 나와서 곡과 마곡을 유혹하여 성도들을 공격할 때 그 수가 바다 모래같이 많으나 하늘에서 불이 내려 소멸하고 마귀가 짐승과 거짓선지자가 있는 불과 유황못으로 던져집니다.

천년이 차매 사단이 그 옥에서 놓여 (계 20:7)
(Rev 20:7) :

나와서 땅의 사방 백성 곧 곡과 마곡을 미혹하고 모아 싸움을 붙이리니 그 수가 바다 모래 같으리라 (계 20:8)
(Rev 20:8) :

저희가 지면에 널리 퍼져 성도들의 진과 사랑하시는 성을 두르매 하늘에서 불이 내려와 저희를 소멸하고 (계 20:9)
(Rev 20:9) :

또 저희를 미혹하는 마귀가 불과 유황 못에 던지우니 거기는 그 짐승과 거짓 선지자도 있어 세세토록 밤낮 괴로움을 받으리라 (계 20:10)
(Rev 20:10) :

거기는 구더기도 죽지 않고 불도 꺼지지 아니하느니라 (막 9:48)
(Mk 9:48) :

사람마다 불로서 소금 치듯함을 받으리라 (막 9:49)
(Mk 9:49) :

【나눔 학습】 함께 생각해 보세요!

1) 사단은 언제 잠시 풀려납니까?

When is Satan released for a while?

A (계 20:7) / (Rev 20:7)

2) 사단이 천년후 옥에서 나와 누구를 미혹합니까?

Who does Satan deceive after a thousand years?

A (계 20:8) / (Rev 20:8)

3) 사단이 성도들을 포위하고 공격할 때 하늘에서 어떤현상이 일어납니까?

What happens in heaven when Satan surrounds and attacks the Saints?

A (계 20:9) / (Rev 20:9)

4) 그들을 미혹하는 마귀는 어떻게 되나요?

What happens to the devil who deludes them?

A (계 20:10) / (Rev 20:10)

19 흰 보좌 심판(계 20:12)

[The white throne judgment(Rev 20:12)]

땅과 하늘이 사라지고 흰 보좌위에 앉으실 때 바다가 죽은자를 내어주고 사망과 음부도 심판대 앞에 내어 주어 죽은 자들이 보좌 앞에서 책들에 기록된 자기들의 행위대로 심판을 받는데 악인은 둘째 사망의 해를 받습니다.

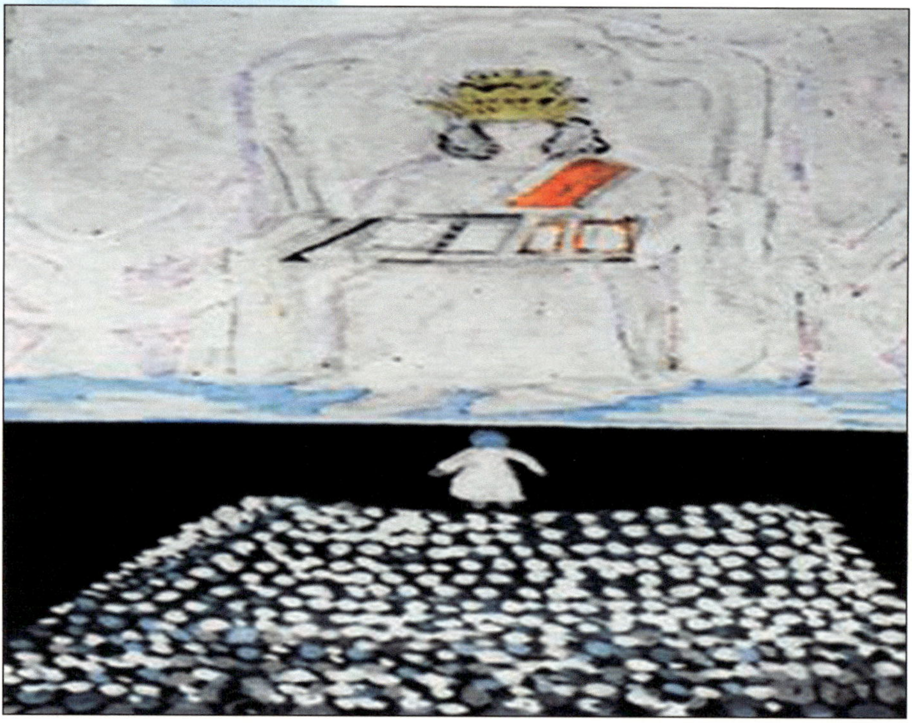

내가 보았는데 왕좌가 놓이고 옛적부터 항상 계신이가 좌정하셨는데 그 옷은 희기가 눈 같고 그 머리털은 깨끗한 양의 털 같고 그 보좌는 불꽃이요 그 바퀴는 붙는 불이며 (단 7:9)

(Dan 7:9) :

불이 강처럼 흘러 그 앞에서 나오며 그에게 수종하는 자는 천천이요 그 앞에 시위한 자는 만만이며 심판을 베푸는데 책들이 펴 놓였더라 (단 7:10)

(Dan 7:10) :

인자가 자기 영광으로 모든 천사와 함께 올때에 자기 영광의 보좌에 앉으리니 (마 25:31)

(Mk 25:31) :

모든 민족을 그 앞에 모으고 각각 분별하기를 목자가 양과 염소를 분별하는것 같이 하여 (마 25:32)

(Mk 25:32) :

양은 그 오른편에, 염소는 왼편에 두리라 (마 25:33)

(Mk 25:33) :

그 때에 임금이 그 오른편에 있는 자들에게 이르시되 내 아버지께 복 받을 자들이여 나아와 창세로부터 너희를 위하여 예비된 나라를 상속하라
(마 25:34)

(Mk 25:34) :

임금이 대답하여 가라사대 내가 진실로 너희에게 이르노니 너희가 여기 내 형제 중에 지극히 작은 자 하나에게 한 것이 곧 내게 한 것이니라 하시고 (마 25:40)

(Mk 25:40) :

또 왼편에 있는 자들에게 이르시되 저주를 받은 자들아 나를 떠나 마귀와 그 사자들을 위하여 예비된 영영한 불에 들어가라 (마 25:41)

(Mk 25:41) :

이에 임금이 대답하여 기라시대 내가 진실로 너희에게 이르노니 이 지극히 작은 자 하나에게 하지 아니한 것이 곧 내게 하지 아니한 것이니라 하시리니 (마 25:45)

(Mk 25:45) :

저희는 영벌에, 의인들은 영생에 들어가리라 하시니라 (마 25:46)

(Mk 25:46) :

또 내가 크고 흰 보좌와 그 위에 앉으신 자를 보니 땅과 하늘이 그 앞에서 피하여 간데 없더라 (계 20:11)

(Rev 20:11) :

또 내가 보니 죽은 자들이 무론 대소하고 그 보좌 앞에 섰는데 책들이 펴 있고 또 다른 책이 펴졌으니 곧 생명책이라 죽은 자들이 자기 행위를 따라 책들에 기록된대로 심판을 받으니 (계 20:12)

(Rev 20:12) :

그러나 두려워하는 자들과 믿지 아니하는 자들과 흉악한 자들과 살인자들과 행음자들과 술객들과 우상 숭배자들과 모든 거짓말 하는 자들은 불과 유황으로 타는 못에 참예하리니 이것이 둘째 사망이라 (계 21:8)

(Rev 21:8) :

이기는 자는 이것들을 유업으로 얻으리라 나는 저의 하나님이 되고 그는 내 아들이 되리라 (계 21:7)

(Rev 21:7) :

【나눔 학습】 함께 생각해 보세요!

1) 흰보좌 심판 때에 어떤 현상이 일어나나요?

What happens to the White Throne Judgment?

A (계 20:11) / (Rev 20:11)

2) 보좌 앞에 있는 책의 이름은 무엇인가요?

What is the name of the book in front of the throne?

A (계 20:12) / (Rev 20:12)

3) 죽은 자들은 무엇으로 심판기준이 됩니까?

What is the standard of judgment for the dead?

A (계 20:13) / (Rev 20:13)

4) 불과 유황의 불못에 던져질 사람의 기준은 무엇입니까?

What is the standard of the person to be thrown into the fire and sulfur fires?

A (계 20:15) / (Rev 20:15)

5) 둘째 사망에 참여하는 사람들의 특성은 무엇인가요?

What are the characteristics of those who participate in the second death?

A (계 21:8) / (Rev 21:8)

새 예루살렘(계 21:2)
[New Jerusalem(Rev 21:2)]

새 예루살렘이 하나님께로 내려와 하나님의 장막이 사람들과 함께 거하시며 모든 눈물을 씻기시고 위로하시며 아름다운 보석으로 단장되어 있고 하나님의 영광과 어린 양의 등이 영원히 비취입니다.

또 내가 새 하늘과 새 땅을 보니 처음 하늘과 처음 땅이 없어졌고 바다도 다시 있지 않더라 (계 21:1)
(Rev 21:1) :

또 내가 보매 거룩한 성 새 예루살렘이 하나님께로부터 하늘에서 내려오니 그 예비한 것이 신부가 남편을 위하여 단장한 것 같더라 (계 21:2)
(Rev 21:2) :

내가 들으니 보좌에서 큰 음성이 나서 가로되 보라 하나님의 장막이 사람들과 함께 있으매 하나님이 저희와 함께 거하시리니 저희는 하나님의 백성이 되고 하나님은 친히 저희와 함께 계셔서 (계 21:3)
(Rev 21:3) :

모든 눈물을 그 눈에서 씻기시매 다시 사망이 없고 애통하는 것이나 곡하는 것이나 아픈 것이 다시 있지 아니하리니 처음 것들이 다 지나갔음이러라 (계 21:4)
(Rev 21:4) :

보좌에 앉으신 이가 가라사대 보라 내가 만물을 새롭게 하노라 하시고 또 가라사대 이 말은 신실하고 참되니 기록하라 하시고 (계 21:6)
(Rev 21:6) :

또 내게 말씀하시되 이루었도다 나는 알파와 오메가요 처음과 나중이라 내가 생명수 샘물로 목 마른 자에게 값 없이 주리니 (계 21:7)
(Rev 21:7) :

하나님의 영광이 있으매 그 성의 빛이 지극히 귀한 보석 같고 벽옥과 수정 같이 맑더라 (계 21:11)
(Rev 21:11) :

크고 높은 성곽이 있고 열두 문이 있는데 문에 열두 천사가 있고 그 문들 위에 이름을 썼으니 이스라엘 자손 열두 지파의 이름들이라 (계 21:12)
(Rev 21:12) :

동쪽에 세 문, 북쪽에 세 문, 남쪽에 세 문, 서쪽에 세 문이니 (계 21:13)
(Rev 21:13) :

그 성의 성곽에는 열두 기초석이 있고 그 위에는 어린 양의 열두 사도의 열두 이름이 있더라 (계 21:14)
(Rev 21:14) :

【나눔 학습】 함께 생각해 보세요!

1) 언제부터 새 하늘과 새 땅 새 예루살렘이 시작됩니까?
From when will the new heaven and earth begin the new Jerusalem?

A (계 21:1) / (Rev 21:1)

2) 사람들에게 어떤일이 일어났습니까?
What happened to the people?

A (계 21:3) / (Rev 21:3)

3) 사람들은 어떤 은혜를 누리게 됩니까?
What kind of grace do people enjoy?

A (계 21:4) / (Rev 21:4)

4) 새 예루살렘성에는 하나님의 무엇이 있습니까?

What is God's in the New Jerusalem city?

A (계 21:11) / (Rev 21:11)

5) 크고 높은 성곽이 있고 열두 문이 있는데 문에 열두 천사가 있고 그 문들 위에 이름을 썼으니 이스라엘 자손 누구들의 이름이 기록되어 있나요?

Where are a large high castle, and there are twelve gates, twelve angels on the door, up on the door Whose names are recorded in the children of Israel?

A (계 21:12) / (Rev 21:12)

6) 동서남북 문들이 몇 개씩 있습니까?

How many doors are there? where are East, West, South, North.

A (계 21:13) / (Rev 21:13)

7) 그 성의 성곽에는 열두 기초석이 있고 그 위에는 누구들의 이름이 기록되어 있나요?

There are twelve foundation stones in the castle of the castle, whose names are recorded thereon?

A (계 21:14) / (Rev 21:14)

(Supplement)

* 고백과 영접(Confession and accept Jesus)
* 세례(Baptism)
* 지상명령(Ground command)
* 학습 세례문답(Learning baptism Catechism)
* 주기도문(The Lord's Prayer)
* 사도신경(The Apostles Creed)
* 십계명(The Ten Commandments)
* 예수님 족보(The genealogy of Jesus:Luke)
* 예수님 족보(The genealogy of Jesus:Luke)
* 세례문답서(Baptismal catechism)

고백과 영접(Confession and accept Jesus)

하나님은 당신을 사랑하십니다.
God loves you.

우리 모두가 천국에 들어가기를 원하십니다.
God wants us all to enter Heaven.

하지만 우리는 죄가 있습니다.
But we have sins.

죄인은 하나님 나라에 들어갈 수 없습니다.
A sinner can not enter the kingdom of God.

예수님은 죄없는 성령으로 태어나셨습니다.
Jesus was born of the Holy spirit without sin.

그리고 우리죄를 위해 예수님께서 십자가에서 돌아가셨습니다.
And, Jesus died on the cross fork our sins.

죄 없으신 예수님만이 우리의 죄를 씻어주십니다.
Only the innocent Jesus cleanses our sins.

예수님을 영접하면 영원한 생명을 얻고 구원을 받습니다.
Receiving Jesus brings eternal life and salvation.

지금 예수님을 마음속에 영접하시겠습니까?
now Will you accept Jesus in your heart?

그러면 저를 따라해 주세요.
Then please tell me along.

주님 저는 주님 없이 살아습니다.
I lived without the Lord.

주님 지금 저는 예수님을 나의 주님 으로 영접합니다.
God now accepts Jesus as my Lord.

지금 저의 죄를 회개합니다.
now repent of my sins.

지금 제 마음에 들어오시옵소서.
Come into my heart now.

예수님께서 나의 죄를 위해 죽으시고 부활하신것을 믿습니다.
I believe that Jesus died and rose for my sins.

지금부터 예수님 당신은 그리스도시요 나의 주이십니다.
From now on you are the Christ and my Lord.

예수님은 살아계신 하나님의 아들이십니다.
Jesus is the Son of the living God.

지금 제마음에 오셔서 저를 영원토록 다스려주십시요.
Come to my heart now and rule me forever.

예수님이름으로 기도 합니다. 아멘
I pray in the name of Jesus. Amen.

세례(Baptism)

베드로가 이르되 너희가 회개하여 각각 예수 그리스도의 이름으로 세례를 받고 죄 사함을 받으라 그리하면 성령의 선물을 받으리니 (행 2:38)
(Acts 2:38)

이 약속은 너희와 너희 자녀와 모든 먼 데 사람 곧 주 우리 하나님이 얼마든지 부르시는 자들에게 하신 것이라 하고 (행 2:39) / (Acts 2:39)

그러므로 우리가 그의 죽으심과 합하여 세례를 받음으로 그와 함께 장사되었나니 이는 아버지의 영광으로 말미암아 그리스도를 죽은 자 가운데서 살리심과 같이 우리로 또한 새 생명 가운데서 행하게 하려 함이라 (롬 6:4)
(Rom 6:4)

만일 우리가 그의 죽으심과 같은 모양으로 연합한 자가 되었으면 또한 그의 부활과 같은 모양으로 연합한 자도 되리라 (롬 6:5) / (Rom 6:5)

물은 예수 그리스도께서 부활하심으로 말미암아 이제 너희를 구원하는 표니 곧 세례라 이는 육체의 더러운 것을 제하여 버림이 아니요 하나님을 향한 선한 양심의 간구니라 (벧전 3:21) / (1 Pet 3:21)

누구든지 그리스도와 합하기 위하여 세례를 받은 자는 그리스도로 옷 입었느니라 (갈 3:27) / (Gal 3:27)

너희가 세례로 그리스도와 함께 장사되고 또 죽은 자들 가운데서 그를 일으키신 하나님의 역사를 믿음으로 말미암아 그 안에서 함께 일으키심을 받았느니라 (골 2:12) / (Col 2:12)

우리가 유대인이나 헬라인이나 종이나 자유인이나 다 한 성령으로 세례를 받아 한 몸이 되었고 또 다 한 성령을 마시게 하셨느니라 (고전 12:13)
(1 Cor 12:13)

지상명령(Ground command)

그러므로 너희는 가서 모든 민족을 제자로 삼아 아버지와 아들과 성령의 이름으로 세례를 베풀고 (마 28:19)

Therefore go and make disciples of all nations, baptizing them in the name of the Father and of the Son and of the Holy Spirit, (Mat 28:19)

내가 너희에게 분부한 모든 것을 가르쳐 지키게 하라 볼지어다 내가 세상 끝날까지 너희와 항상 함께 있으리라 하시니라 (마 28:20)

and teaching them to obey everything I have commanded you. And surely I am with you always, to the very end of the age. (Mat 28:20)

또 이르시되 너희는 온 천하에 다니며 만민에게 복음을 전파하라 (막 16:15)

He said to them, Go into all the world and preach the good news to all creation. (Mk 16:15)

믿고 세례를 받는 사람은 구원을 얻을 것이요 믿지 않는 사람은 정죄를 받으리라 (막 16:16)

Whoever believes and is baptized will be saved, but whoever does not believe will be condemned. (Mk 16:16)

학습 세례 문답(Learning baptism Catechism)

1. 학습세례는 누가 받을 수 있습니까?

Who can receive the learning baptism?

예수님을 구주로 영접한 자입니다.
one who accepted Jesus as the Savior.

2. 사람이 가장 먼저 해야 할 목표는 무엇입니까?

What is the primary purpose of a person?

(시 66:2 | 사 24:15 | 요 17:5; 17:1 | 고전 10:31)
(Ps 66:2 | Isa 24:15 | Jn 17:5; 17:1 | 1Cor 10:31)

3. 하나님은 몇 분이십니까?

How many are God?

(신 6:4 | 사 44:6-8; 45:21-23 | 마 28:19-20 | 요 1:1-3; 14:9 | 고전 8:5-6; 13:13 | 빌 2:6)
(Deut 6:4 | Isa 44: 6-8; 45:21-23 | Mat 28:19-20 | Jn 1:1-3; 14:9 | 1 Cor 8:5-6; 13:13 | Phil 2:6)

4. 하나님은 언제부터 계십니까?

From when has God been there?

(출 3:14 | 딛 1:2) / (Exo 3:14 | Tit 1:2)

5. 하나님은 어디에 계십니까?

Where is God?

(시편 2:4; 89:11; 139:7-10 | 렘 23:24 | 마 5:48 | 행 17:24-25 | 고전 6:19)
(Ps 2:4; 89:11; 139: 7-10 | Jer 23:24 / Mat 5:48 | Acts 17:24-25 | J1 Cor 6:19)

6. 인생은 누구만을 경배해야 합니까?

Who should people worship?

(마 4:10) / (Mat 4:10)

7. 사람은 왜 지으셨나요?

Why did God create humans?

(사 43:21; 61:3; 62:7 | 시 149; 150 | 고전 10:31 | 엡 1:5-6 | 계 7:11-12)
(Isa 43:21; 61:3; 62:7 | Ps 149; 150 | 1 Cor 10:31 | Eph 1:5-6 | Rev 7:11-12)

8. 죄는 무엇입니까?

What is sin?

(요 16:9 | 롬 14:23) / (Jn16:9 | Rom 14:23)

9. 최초로 누가 범죄하였습니까?

Who was the first to commit a crime?

(창 3:8-10) / (Gen 3:8-10)

10. 아담이 불순종한 내용이 무엇입니까?

→ What is the disobedience of Adam?

(창 2:17; 3:6) / (Gen 2:17; 3:6)

11. 의로운 사람이 누구인가?

→ Who is righteous?

(롬 3:10) / (Rom 3:10)

12. 범죄하여 타락한 인류는 어떤 지위에 이르게 되었는가?

→ What status did the fallen mankind reach by crime?

(창 3:8 | 롬 5:14) / (Gen 3:8 | Rom 5:14)

13. 죄의 삯은 무엇인가?

→ What is the wage of sin?

(롬 6:23) / (Rom 6:23)

14. 죄의 구체적 내용은 무엇인가?

→ What is the specific content of sin?

(렘 17:9 | 마 15:19) / (Jer 17:9 | Mat 15:19)

15. 멸망 받을 죄인을 구원하시기 위한 하나님의 계획은 무엇입니까?

What is God's plan to save a sinner to perish?

(요 1:29; 3:16) / (Jn 1:29; 3:16)

주기도문(The Lord's Prayer)

하늘에 계신 우리 아버지여,
이름이 거룩히 여김을 받으시오며,
나라가 임하시오며,
뜻이 하늘에서 이루어진 것같이
땅에서도 이루어지이다.
오늘 우리에게 일용할 양식을 주시옵고,
우리가 우리에게 죄 지은 자를 사하여 준 것같이
우리 죄를 사하여 주시옵고,
우리를 시험에 들게하지 마시옵고,
다만 악에서 구하시옵소서.
나라와 권세와 영광이
아버지께 영원히 있사옵나이다.
아멘.(마 6:9-13)

Our Father in heaven,
Hallowed be your name,
Your kingdom come,
Your will be done on earth as it is in heaven.
Give us today our daily bread.
Forgive us our debts,
as we also have forgiven our debtors.
And lead us not into temptation,
but deliver us from the evil one.
for yours is the kingdom and the power
and the glory forever.

Amen.(Matt 6:9-13)

사도신경(The Apostles Creed)

전능하사 천지를 만드신 하나님 아버지를 내가 믿사오며,
그 외아들 우리 주 예수 그리스도를 믿사오니,
이는 성령으로 잉태하사 동정녀 마리아에게 나시고,
본디오 빌라도에게 고난을 받으사,
십자가에 못박혀 죽으시고,
장사한 지 사흘 만에 죽은 자 가운데서 다시 살아나시며,
하늘에 오르사 전능하신 하나님 우편에 앉아 계시다가,
저리로서 산 자와 죽은 자를 심판하러 오시리라.
성령을 믿사오며 거룩한 공회와, 성도가 서로 교통하는 것과,
죄를 사하여 주시는 것과, 몸이 다시 사는 것과,
영원히 사는 것을 믿사옵나이다.
아멘.

I believe in God the Father Almighty,
Maker of heaven and earth,
and in Jesus Christ, His Only Son our Lord,
who was conceived by the Holy Spirit, born of the Virgin Mary,
suffered under Pontius Pilate, was crucified, dead, and buried;
He descended into hell; the third day He rose again from the dead;
He ascended into heaven,
and sitteth on the right hand of God the Father Almighty;
from thence He shall come to judge the quick and the dead.
I believe in the Holy Spirit, the Holy Universal Church,
the communion of saints, the forgiveness of sins,
the resurrection of the body,
and the life everlasting.
Amen.

십계명(The Ten Commandments)(출 20장 / Ex 20)

1계명 1Com	너는 내 앞에 나 외에는 아무것도 신으로 하지 말라 Thou shalt have no other gods before me.
2계명 2Com	너는 나 위해 어떤 우상도 새기지 말라 Do not carve any idols for me.
3계명 3Com	네 하나님 여호와의 이름을 망령되이 말하지 말라 Thou shalt not take the name of Jehovah thy God in vain.
4계명 4Com	안식일을 기억하여 이를 거룩하게 지키라 Remember the sabbath day, to keep it holy.
5계명 5Com	네 아버지와 어머니를 공경하라 Honor thy father and thy mother.
6계명 6Com	너는 살인하지 말라 Thou shalt not kill.
7계명 7Com	너는 간음하지 말라 Thou shalt not commit adultery.
8계명 8Com	너는 도적질하지 말라 Thou shalt not steal.
9계명 9Com	너는 그 이웃에 대하여 거짓 증거를 하지 말라 Thou shalt not bear false witness against thy neighbor.
10계명 10Com	너는 그 이웃집을 탐내지 말라 Thou shalt not covet thy neighbor's house

예수님 족보(마태복음) The genealogy of Jesus(Matthew)

예수님의 계열을 아브라함과 다윗중심으로 유대인의 왕과 메시아로서 나타내심.
The line of Jesus as Abraham and David centered Jesus as Jewish king and Messiah.

1	아브라함(Abraham)	22	요담(Jotham)
2	이삭(Isaac)	23	아하스(Ahaz)
3	야곱(Jacob)4	24	히스기야(Hezekiah)
4	유다/다말(Judah/Tamar)	25	므낫세(Manasseh)
5	베레스(Pharez)	26	아몬(Amon)
6	헤스론(Hezron)	27	요시야(Josiah)
7	람(Ram)	28	여고냐(Jeconniah)
8	아미나답(Amminadab)	29	스알디엘(Shealtiel)
9	나손(Nahshon)	30	스룹바벨(Zerubbabel)
10	살몬/라합(Salmon/Rahb)	31	아비훗(Abiud)
11	보아스/룻(Boaz/Ruth)	32	엘리아김(Eliakim)
12	오벳(Obed)	33	아소르(Azor)
13	이새(Jesse)	34	사독(Zadok)
14	다윗/우리야의 아내(David/WifeofUrih)	35	아킴(Achim)
15	솔로몬(Solomon)	36	엘리웃(Elliud)
16	르호보암(Rehoboam)	37	엘르아살(Eleaza)
17	아비야(Abijam)	38	맛단(Matthan)
18	아사(Asa)	39	야곱(Jacob)
19	여호사밧(Jehoram)	40	요셉/마리아(Joseph/Mary)
20	요람(Jetham)	41	예수(Jesus) 믿는 모든 사람들 Whoever believes
21	웃시야(Uzziah)		

예수님 족보(누가복음) The genealogy of Jesus(Luke)

예수님의 계열을 아담으로부터 인류에 속한 사람으로 나타내심.
tarting from Adam, the line of Jesus is displayed as a human being belonging to the human race.

1	아담(Adam)	33	이새(Jesse)	65	에슬리(Hesli)
2	셋(Seth)	34	다윗(David)	66	나훔(Nahum)
3	에노스(Enosh)	35	나단(Nathan)	67	아모스(Amose)
4	가이난(Cainain)	36	맛다다(Mattatha)	68	맛다디아(Mattathias)
5	마할랄렐(Mahalalel)	37	멘나(Menna)	69	요셉(Joseph)
6	야렛(Mared)	38	멜레아(Melea)	70	얀나(Jannai)
7	에녹(Enoch)	39	엘리아김(Eliakim)	71	멜기(Melchi)
8	므두셀라(Methuselh)	40	요남(Jonam)	72	레위(Levi)
9	레멕(Lamech)	41	요셉(Joseph)	73	맛닷(Matthat)
10	노아(Noah)	42	유다(Judah)	74	헬리(Eli)
11	셈(Shem)	43	시므온(Simeon)	75	요셉(Mary/Joseph)
12	아박삿(Arphaxad)	44	레위(Levi)	76	예수(Jesus)
13	가이난(Cainan)	45	맛닷(Matthat)		믿는 모든 사람들
14	살라(Shelah)	46	요림(Jorim)		Whoever believes
15	헤버(Eber)	47	엘리에서(Elizer)		
16	벨렉(Peleg)	48	예수(Joshua)		
17	르우(Reu)	49	에르(Er)		
18	스룩(Serug)	50	엘마담(Elmadam)		
19	나홀(Nahor)	51	고삼(Cosam)		
20	데라(Terah)	52	앗디(Addi)		
21	아브라함(Abraham)	53	멜기(Melchi)		
22	이삭(Lsaac)	54	네리(Neri)		
23	야곱(Jacob)	55	스알디엘(Shealtiel)		
24	유다(Judah)	56	스룹바벨(Zerubbabel)		
25	베레스(Pharez)	57	레사(Rhesa)		
26	헤스론(Hezron)	58	요아난(Joanan)		
27	아니(Ram)	59	요다(Joda)		
28	아미나답(Amminadad)	60	요섹(Josech)		
29	나손(Nahshon)	61	서머인(Semein)		
30	살몬(Salmon)	62	맛다디아(Mattathias)		
31	보아스(Boaz)	63	마앗(Mahath)		
32	오벳(Obed)	64	낙개(Naggai)		

세례 문답서(Baptismal catechism)

성경은 하나님의 감동으로 된 것을 믿으십니까?(딤후 3:16)
Do you believe that the Bible is inspired by God? (2Tim 3:16)

1. 구원관(Salvation)

1) 하나님께서 독생자 예수를 이땅에 보내심을 믿으십니까?

Do you believe that God sent His only begotten Son to earth?
(요 3:16) / (Jn 3:16)

2) 예수께서 유월절 어린양으로 당신을 위해 죽으시고 부활하심을 믿으십니까?

Do you believe that Jesus died for you and resurrected with the Passover Lamb?
(출 12:3 | 슥 9:9 | 마 21:1-9 | 요 1:29; 12:12 | 벧전 1:29 | 고전 5:7)
(Exo 12:3 | Zec 9:9 | Mat 21:1-9 | Jn 1:29; 12:12 | 1 Pet 1:29 | 1 Cor 5:7)

3) 왜 예수를 믿어야만 합니까?

Why do we have to believe in Jesus?
(행 4:12 | 요 14:6) / (Acts 4:12 | Jn 14:6)

4) 여호와 하나님께서 예수님의 보혈 속죄제물과 화목제물로 당신의 죄를 회개 할때 사해주심을 믿으십니까?

Do you believe that the Lord God will wipe you down when you repent of your sins through the sin offering and fellowship offerings of Jesus?
(사 53:5,10 | 눅 24:47-48 | 히 10:4-10 | 요일 1:7; 2:2)
(Is 53:5,10 | Lk 24:47-48 | Heb 10:4-10 | 1 Jn 1:7; 2:2)

5) 예수님을 믿음으로 의롭게 되며 구원은 하나님의 은혜로 말미암는 것임을 믿으십니까?

Do you believe that Jesus is justified by faith and salvation through the grace of God?

(요 1:12 | 롬 3:20-24; 4:25)

(Jn 1:12 | Rom 3:20-24; 4:25)

6) 예수님께서 다시 오셔서 당신을 구원하여 주실것을 믿으십니까?

Do you believe that Jesus will come again and save you?

(히 9:28 | 요 14:18 | 요일 3:24)

(Heb 9:28 | Jn 14:18 | 1 Jn 3:24)

7) 예수께서 육체로 세상에 오신 이유는 무엇입니까?

Why did Jesus come into the world in the flesh?

(마 1:21; 5:17-20 | 눅 4:43-44 | 요 3:16)

(Mat 1:21; 5:17-20 | Lk 4: 43-44 | Jn 3:16)

8) 예수의 제자는 몇 분이었습니까?

How many were the disciples of Jesus?

(막 3:14) / (Mk 3:14)

9) 예수는 어떻게 죽으셨습니까?

How did Jesus die?

(요 19:18-19) / (Jn 19:18-19)

10) 그 후 어떻게 되었습니까?

What happened then?

(고전 15:3-4) / (1 Cor 15:3-4)

11) 예수님께서 다시 살아나신 후 어떻게 되셨습니까?

•-ɜ What happened after Jesus is raised again?

(마 28:11-15 | 막 16:9-16, 19-20 | 눅 24:12-28, 50-53 | 요 20:11-29; 21:1-14 | 고전 15:1-8)

(Mat 28:11-15 | Mk 16:9-16, 19-20 | Lk 24:12-28, 50-53 | Jn 20:11-29; 21:1-14 | 1 Cor 15:1-8)

12) 예수님께서 승천하신 이유들은 무엇입니까?

•-ɜ What are the reasons that Jesus ascended?

(요 14:2; 16:7 | 롬 8:34 | 빌 2:5-11 | 히 1:3; 8:1-6; 9:11-14 | 엡 4:10)

(Jn 14:2; 16:7 | Rom 8:34 | Phil 2:5-11 | Heb 1:3; 8:1-6; 9:11-14 | Eph 4:10)

13) 승천하신 후 제자들은 무엇을 받았습니까?

•-ɜ What did the disciples receive after ascending?

(행 2:1-4) / (Acts 2:1-4)

14) 승천하실때 부탁의 말씀은 특별히 무엇입니까?

•-ɜ What is the special word of asking when you ascend?

(마 28:19-20) / (Mat 28:19-20)

15) 사람은 어떻게 지음 받았습니까?

•-ɜ How was a man made?

(창 1:27) / (Gen 1:27)

16) 영원한 새 예루살렘은 언제입니까?

•-ɜ When is the eternal new Jerusalem

(계 21:2) / (Rev 21:2)

17) 불못 지옥은 무엇입니까?

→ What is the lake of hell?

(계 20:15 | 막 9:48) / (Rev 20:15 | Mk 9:48)

18) 우리가 죽으면 어디로 갑니까?

→ Where do we go when we die?

(눅 16:19-23;23:43 | 고후12:4)

(Lk 16:19-23 ;23:43 | 2 Cor 12:4)

19) 기도는 어떻게 누구에게 합니까?

→ How does prayer and to whom?

(요 14:13-14) / (Jn 14:13-14)

20) 죄에 빠지면 어떻게 해야 됩니까?

→ What should we do if we fall into sin?

(마 3:5-7) / (Mat 3:5-7)

21) 회개하면 죄사함을 받습니까?

→ Do you receive remission of sins if you repent?

(시 32:1-5 | 행 2:38 | 요일 1:9)

(Ps 32:1-5 | Acts 2:38 | 1 Jn 1:9)

2. 세례와 성찬(Baptism and the Eucharist)

1) 세례 받는 뜻은?

→ What does it mean to be baptized?

(벧전 3:21 | 요 3:5 | 갈 3:27) / (1 Pet 3:21 | Jn 3:5 | Gal 3:27)

2) 세례는 몇 가지 있습니까?

→ How many baptisms do you have?
(마 3:11; 28:19 | 눅 3:3) / (Mat 3:11; 28:19 | Lk 3:3)

3) 세례를 주는 이유는 무엇입니까?

→ Why are you baptizing?
(마 28:19) / (Mat 28:19)

4) 성찬이 무엇입니까?

→ What is the sacrament?
(마 26:17:19 | 눅 22:15 | 고전 11:24)
(Mat 26:17:19 | Lk 22:15 | 1 Cor 11:24)

5) 성찬식을 무엇으로 합니까?

→ What do you do with sacrament meeting?
(마 26:26-28) / (Mat 26:26-28)

6) 떡은 무엇을 뜻입니까?

→ What does the rice cake mean?
(마 26:26 | 요 6:48,51,55 | 고전 11:23-24)
(Mat 26:26 | Jn 6:48,51,55 | 1 Cor 11:23-24)

7) 포도주는 무엇을 뜻합니까?

→ What does wine mean?
(마 26:28 | 요 6:55 | 고전 11:25) / (Mat 26:28 | Jn 6:55 | 1 Cor 11:25)

8) 성찬식은 누가 세웠습니까?

→ Who set the Eucharist?
(마 26:28 | 고전 11:24) / (Mat 26:28 | 1 Cor 11:24)

9) 헌금의 목적은 무엇입니까?

→ To whom do you give offerings?

(신 1:7-11 | 행 11:25-30 | 고전 16:1-2 | 고후 9:1-5 | 눅 21:1-9)

(Deu 1:7-11 | Acts 11:25-30 | 1 Cor 16:1-2 | 2 Cor 9:1-5 | Lk 21:1-9)

3. 심판에 대하여(About Judgment)

1) 이는 우리가 다 반드시 그리스도의 심판대 앞에 각각 선악간에 그 몸으로 행한 것을 받게 됩니까?

→ We must all be before Christ's judgment what was done in the body both good and evil Will we receive it?

(고후 5:10 | 롬 14:10) / (2 Cor 5:10 | Rom 14:10)

2) 이 땅이 불과 유황으로 심판 될 것을 믿으십니까?

→ Do you believe that this land will be judged by fire and sulfur?

(계 20:11-15) / (Rev 20:11-15)

3) 이땅이 사라지고 백보좌 심판을 통하여 행한대로 심판이 있음을 믿으십니까?

→ The land will be gone, Then Through the white throne judgment Do you believe that there is judgment what we have done?

(계 20:11-15) / (Rev 20:11-15)

4. 신 관(Theology)

1) 하나님을 눈으로 볼 수 있는가?

→ Can you see God with your eyes?

(요 1:18; 4:24) / (Jn 1:18; 4:24)

2) 하나님은 어떻게 계시는가?

⊸ How is God?

(출 3:14) / (Exo 3:14)

3) 하나님은 언제부터 계셨는가?

⊸ when did God exist?

(합 1:12) / (Hab 1:12)

4) 하나님은 몇 분이신가?

⊸ How many are God?

(신 6:4 | 마 3:16-17) / (Deu 6:4 | Mat 3:16-17)

5) 하나님은 어디에 계시는가?

⊸ Where is God?

(시 139:7-10) / (Ps 139:7-10)

6) 하나님은 무엇을 창조 하셨는가?

⊸ What did God create?

(창 1:1-31 | 시 33:6) / (Gen 1:1-31 | Ps 33:6)

7) 하나님은 사람에게 무엇을 주관하게 하셨는가?

⊸ What has God led man to do?

(창 1:28) / (Gen 1:28)

8) 하나님은 사람 만물을 어떻게 섭리하시는가?

⊸ How does God give all things?

(시 33:6,15; 36:6; 103:19 | 잠 16:4 | 사 45:7)

(Psa 33: 6,15; 36:6; 103:19 | Prov 16:4 | Isa 45:7)

9) 우리는 어떻게 하나님을 알 수 있는가?

How can we know God?

(1)일반(자연)계시 / General (natural) revelation

(시 19:1-2 | 롬 1:20) / (Ps 19:1-2 | Rom 1:20)

(2)특별(구원)계시 / Special (salvation) revelation

(딤후 3:15-17) / (2 Tim 3:15-17)

10) 하나님의 절대적 속성은 무엇인가?

What is the absolute nature of God?

(1)자존하심(Majesty)

(시 115:3 | 출 3:14) / (Ps 115:3 | Exo 3:14)

(2)불변하심(Immutability)

(약 1:17 | 히 6:17) / (Jas 1:17 | Heb 6:17)

(3)완전하심(Perfection)

(시 17:30; 19:7) / (Ps 17:30; 19:7)

(4)영원하심(Eternity)

(느 9:5 | 벧후 1:11) / (Neh 9:5 | 2 Pet 1:11)

(5)전지하심(Power)

(대상 28:9 | 요 2:25) / (1 Chr 28:9 | Jn 2:25)

(6)전능하심(Almighty)

(사 9:6 | 고후 6:8) / (Isa 9:6 | 2 Cor 6:8)

11) 하나님의 도덕적 성품은 무엇인가?

What is the moral character

(1)거룩하심(Holiness)

(벧전 1:16 | 레 11:44) / (1 Pet 1:16 | Lev 11:44)

(2)의로우심(Righteousness)

(롬 3:26 | 출 9:27) / (Rom 3:26 | Exo 9:27)

(3)진실하심(Truth)

(롬 15:8 | 시 146:6) / (Rom 15:8 | Ps 146:6)

(4)선하심(Goodness)

(눅 10:18 | 시 34:8) / (Lk 10:18 | Ps 34:8)

(5)사랑이심(Love)

(요일 4:7 | 시 3:12) / (1 Jn 4:7 | Ps 3:12)

5. **인간**(Human)

1) 하나님께서 사람을 누구의 형상대로 창조하셨는가?

→ In whose image did God create man?

(창 1:27) / (Gen 1:27)

2) 하나님께서 사람을 어떻게 창조하셨는가?

→ How did God create man?

(창 2:7; 2:22) / (Gen 2:7; 2:22)

6. **죄에 대하여**(About sin)

1) 하나님께서 그들에게 금하신 것은 무엇이었는가?

→ What did God forbid them?

(창 2:16-17) / (Gen 2:16-17)

2) 아담은 어떻게 범죄하게 되었는가?

How did Adam become guilty?

(창 3:1-6) / (Gen 3:1-6)

3) 의로운 인생이 누구인가?

Who is righteous life?

(롬 3:10) / (Rom 3:10)

4) 범죄하여 타락한 인류는 어떤 지위에 이르게 되었는가?

What status did the fallen mankind reach by crime?

(창 3:8 | 롬 5:14) / (Gen 3:8 | Rom 5:14)

5) 죄의 삯은 무엇인가?

What is the wage of sin?

(롬 6:23 | 히 10:26-27 | 요일 5:16) / (Rom 6:23 | Heb 10:26-27 | 1 Jn 5:16)

6) 죄는 크게 몇 종류가 있는가?

How many kinds of sins are there?

원죄(Original sin) : (롬 5:12) / (Rom 5:12)

자범죄(Personal sin) : (시 51:5) / (Ps 51:5)

7) 죄의 구체적 내용은 무엇인가?

What is the specific content of sin?

(렘 17:9 | 마 2:13; 15:19 | 사 1:15 | 막 3:29 | 눅 12:10 | 히 6:4-6)

(Jer 17:9 | Mat 2:13; 15:19 | Isa 1:15 | Mk 3:29 | Lk 12:10 | Heb 6:4-6)

8) 멸망 받을 인생에게 유일한 소망은 무엇인가?

What is the only hope for a life to be destroyed?

(막 1:15 | 행 16:31) / (Mk 1:15 | Acts 16:31)

7. 기독론(Christology)

1) 예수님은 어떻게 잉태되셨는가?

⊸ How was Jesus conceived?

(마 1:18) / (Mat 1:18)

2) 예수 그리스도의 두 성품은 무엇인가?

⊸ What are the two qualities of Jesus Christ?

(요1:18) / (Jn 1:18)

3) 예수님의 인성이 우리와 다른 점이 무엇인가?

⊸ What is the difference of the personality of Jesus and with us?

(요일 3:5 | 눅 23:4) / (1 Jn 3:5 | Lk 23:4)

4) 신성과 인성은 무엇인가?

⊸ What is Divinity and Humanity?

(마 16:16 | 요 1:14) / (Mat 16:16 | Jn 1:14)

5) 예수님의 열두 제자 이름을 외울 수 있는가?

⊸ Can you remember the name of Jesus' twelve disciples?

(마 10:2-4) / (Mat 10:2-4)

6) 예수 그리스도의 3대 직분은 무엇인가?

⊸ What are the three offices of Jesus Christ?

■ **선지자의 직분** | Office of a prophet

(신 18:15 | 마 21:11,46 | 요 6:14 | 행 3:22-23 | 눅 13:33)

(Deu 18:15 | Mat 21:11, 46 | Jn 6:14 | Acts 3:22-23 | Lk 13:33)

- **제사장의 직분** | The office of the priest
  (시 110:4 | 사 53:10-12 | 히 10:12 | 롬 3:25 | 엡 5:2)
  (Ps 110: 4 | Isa 53:10-12 | Heb 10:12 | Rom 3:25 | Eph 5:2)

- **왕의 직분** | It is the office of the king
  (마 2:2; 27:29 | 눅 1:31 | 요 1:49 | 계 19:16)
  (Mat 2:2; 27:29 | Lk 1:31 | Jn 1:49 | Rev 19:16)

- **이스라엘의 목자** | The shepherd of Israel
  (마 2:6) / (Mat 2:6)

7) 예수님은 선지자의 직분을 어떻게 행하셨는가?

How did Jesus perform the office of the prophets?
(행 3:22-23 | 눅 13:33) / (Acts 3:22-23 | Lk 13:33)

8) 예수님은 제사장의 직분을 어떻게 행하셨는가?

How did Jesus perform the office of the priest?
(히 7:25; 9:28) / (Heb 7:25; 9:28)

9) 예수님은 왕의 직분을 어떻게 행하셨는가?

How did Jesus perform the office of the king?
(사 9:6 | 요 1:49; 18:37 | 히 2:8 | 계 19:16)
(Is 9: 6 | Jn 1:49; 18:37 | Heb 2:8 | Rev 19:16)

우리로자기에게 복종하게 하시고, (마 28:20 | 엡 1:22)
Let us obey him, (Mat 28:20 | Eph 1:22)

우리를 다스리시고 보호하시며, (사 63:9 | 마 18:17-18 | 단 7:13-14,27)
He will rule and protect us, (Isa 63:9 | Mat 18:17-18 | Dan 7:13-14,27)

우리의 모든 원수를 막아 이기게 하신다.
He blocks all our enemies and makes them win.
(시 110:1 | 사 33:22 | 고전 15:25; 15:55-57 | 계 20:2)
(Ps 110:1 | Is 33:22 | 1 Cor 15:25; 15:55-57 | Rev 20:2)

10) 예수님의 지상 사역을 기록한 책은 무엇인가?

What is the book that recorded Jesus' earthly ministry?

4복음서 / 4 Gospels

11) 예수님은 어떻게 구원을 완성 하셨는가?

How did Jesus accomplish salvation?

3년동안 천국 복음을 전파하시고
He preached the gospel of the kingdom for three years.

최후에는 십자가에 죽으시고 (마 27:35)
In the end, he died on the cross (Mat 27:35)

3일만에 무덤에서 살아나시고 (눅 18:33)
In three days he rose from the tomb (Lk 18:33)

사람들에게 자기를 비우고 복종하시고 (빌 2:5-11)
Jesus who emptied and submissives himself to people (Phil 2: 5-11)

하늘로 승천 하심으로 완성하셨다. (막 16:19)
He ascended to heaven and finished it. (Mk 16:19)

12) 구원받은 성도들은 어떻게 살아야 하는가?

How should the saved saints live?

예수님을 위해 살고, (롬 14:6-8 | 빌 3:8)

Living for Jesus, (Rom 14:6-8 | Phil 3:8)

복음의 증인으로 살아야 한다. (마 28:18-20 | 막 16:15 | 고전 15:10)

We must live as witnesses of the gospel.

(Mat 28:18-20 | Mk 16:15 | 1 Cor 15:10)

8. 종말론(Eschatology)

1) 마지막 때의 현상들은 어떤 것들이 일어나는가?

What are the phenomena of the end times?

표적과 기사 즉 전쟁, 기근, 지진, 하늘의 징조 등이 있다. (마24:29~)

Signs and articles, such as war, famine, earthquake, and signs of heaven. (Mat 24:29~)

2) 그리스도는 언제 재림 하시는가?

When will Christ second coming?

아무도 알수 없으나, 매우 가까워 온다. (마 24:26 | 약 5:8)

No one knows, It comes very close. (Mat 24:26 | Jas 5:8)

3) 그리스도는 어떤 모습으로 재림 하시는가?

How does Christ return?

육신적으로, 눈으로 볼 수 있게, 영광 중에 재림하신다.

(요 1:14 | 행 1:11 | 살후 1:10 | 계 19:14-16)

In the flesh, Visibly, He returns in glory.

(Jn 1:14 | Acts 1:11 | 2 Th 1:10 | Rev 19:14-16)

4) 그리스도께서 재림하시는 목적은 무엇인가?

What is the purpose of Christ's return?

영원한상과 영원한 벌로 심판하시기 위함이다.

For the judgment of the eternal prize and the everlasting punishment.

(마 16:27 | 롬 2:6-8 | 계 22:12)

(Mat 16:27 | Rom 2:6-8 | Rev 22:12)

5) 예수님이 오셔서 옛 뱀, 용, 사탄 마귀를 무저갱에 넣고 1000년간 왕국을 건설하심을 믿으십니까?

Do you believe that Jesus came and putting the ancient serpent Satan the Devil in the abyss and built the kingdom for a thousand years?

(사 27:1 | 슥 13:2 | 계 20:2-3)

(Isa 27: 1 | Zec 13: 2 | Rev 20:2-3)

6) 천년왕국 후에 새 예루살렘으로 들어가 영원히 하나님과 어린양 예수님과 함께 영원히 사는것을 믿으십니까?

Do you believe in going to New Jerusalem after the Millennium and living forever with God and the Lamb Jesus?

(계 21:3-4) / (Rev 21:3-4)

9. 성경론(Biblical Theology)

1) 성경에 기록된 말씀은 진리인가?

Is the Bible recorded in the word is the truth?

진리로 거룩하게 하소서 아버지 말씀은 진리니이다. (요 17:17)
Sanctify us in Fathers word is truth. (Jn 17:17)

태초에 말씀이 계셨고 이 말씀이 하나님과 함께 계셨으니 이 말씀은 곧 하나님이시다. (요 1:1)
In the beginning was the Word, and the Word was with God, and the Word was God. (Jn 1:1)

2) 성경공부는 누구에게 필요한가?

Who does Bible study need?

성도는 누구나 말씀을 주야로 묵상하고, (시 1:2)
The Saints meditate on the Word day and night, (Ps 1:2)

읽는 일과 듣는 일과 지키는 일을 힘써야 한다. (계 1:3)
We must strive to read, listen, and keep. (Rev 1:3)

3) 성경 공부를 통하여 얻는 유익은 무엇인가?

What are the benefits of studying the Bible?
(행 20:24 | 갈 2:14 | 딤전 1:11; 3:15-17 | 딤후 3:15-17)
(Acts 20:24 | Gal 2:14 | 1 Tim 1:11; 3:15-17 | 2 Tim 3:15-17)

4) 구약은 어떻게 구분하는가?

How does separate the Old Testament?

율법서 : 창세기-신명기 The Law : (Gen – Deut)
역사서 : 여호수아-에스더 History : (Josh-Est)
시가서 : 욥기-아가서 Poetry : (Job-Song)
선지서 : 이사야-말라기 Prophets : (Is-Mal)

5) 신약을 크게 나누면 어떻게 구분하는가?

How does the New Testament is divided divide?

복음서 : 마태 – 요한복음 The Gospel : (Mat – Jn)
역사서 : 사도행전 Historical Books : (Acts)
서신서 : 로마서-유다서 Epistles : (Rom-Jude)
예언서 : 요한계시록 Prophets : (Rev)

6) 성경은 몇 권으로 되어 있는가?

How many volumes are there in the Bible?

크게는 구약과 신약이며
The Old Testament and the New Testament
구약 39권, 신약 27권, 모두 66권이다.
The Old Testament,(39) New Testament,(27) all 66 books.

7) 구약성경은 언제 정경이 되었는가?

When did the Old Testament become canonical?

Ad 90 년 얌니야 회의에서 구약성경 39권이 정경으로 채택되었다.
In AD 90, at the Council of Jamnia, 39 Old Testament Bible was adopted as canon.

8) 신약성경은 언제 정경이 되었는가?

When did the New Testament become canonical?

A.D. 397년 어거스틴이 주도한 카르타고 회의에서 현재의 27권으로 채택됨. Ad 397 at the Carthaginian Conference led by Augustine Adopted as the current 27 scenes.

9) 성경은 누가 기록 하였는가?

Who recorded the Bible?

구약시대는 하나님의 계시가 임한 선지자들과 신약시대는 성령의 감동으로 부어진 사람들에 의해서. (딤후 3:16)

The old testament era revealed received the prophets of Lord and the new testament era of the Holy spirit impressed by which came people. (2 Tim 3:16)

10. 대인관계의 삶(Life of interpersonal relationship)

1) 이웃에 대하여 어떻게 해야 하는가?

What should we do about our neighbors?

이웃을 자신의 몸과 같이 사랑하고, (눅 10:27)
loves his neighbor as his own body, (Lk 10:27)

원수까지도 사랑하며 핍박자를 위하여 기도해야 한다. (마 5:44)
We must love our enemies and pray for the persecutors. (Mat 5:44)

2) 형제의 허물을 몇 번이나 용서해야 하는가?

How many times should I forgive brother's transgressions?

용서하면 용서함을 받는다. (마 6:24)

If you forgive you are forgiven. (Mat 6:24)

그러므로 일흔번씩 일곱번이라도 용서해야 한다. (마 18:22)

Therefore, even seventy-seven times, we must forgive. (Mat 18:22)

3) 사도들은 어떻게 전도 하였는가?

How did the apostles preach?

언제 어디서나 날마다 쉬지 않고 전도하였다. (행 5:42)

They Every day and every day He preached unceasingly. (Acts 5:42)

4) 하나님이 사람을 구원하시는 방법은 무엇인가?

What is God's salvation method?

전도의 미련한 것으로 구원하신다. (고전 1:21)

Foolishness of the preaching to save those who believe. (1Cor 1:21)

좋은소식을 전파하는 자들의 발을 통하여 (롬 10:14-15)

Through Feet of those who preach the gospel of peace.
(Rom 10:14-15)

5) 우리는 무엇을 위해 기도해야 하는가?

What should we pray for?

전도할 문을 우리에게 열어 주도록 기도해야 한다. (골 4:3)

We must pray that the door to evangelize be opened to us. (Col 4:3)

6) 우리는 누구에게 복음을 전파해야 하나?

To whom should we preach the gospel?

(1)천하 만민에게, 모든 족속에게 (막 16:15 | 골 1:23 | 눅 24:47)

To all the people of the world, (Mk 16:15 | Col 1:23 | Lk 24:47)

(2)항상 힘써서 전해야 한다. (딤후 4:2)

always use force must preach. (2 Tim 4:2)

◈ 모세의 노래 ◈

승리 : 출 15:1-21 / 계 15:3 ꞁ 삶 : 시 90편 ꞁ 권면 : 신 32:1-44

◈ Moses' song ◈

Victory : ex 15:1-21 / Rev 15:3 ꞁ Life : Ps 90 ꞁ Exhortation : Deut 32:1-44

어린양의노래[Song of the Lamb]

"주 하나님 곧 전능하신 이시여 하시는 일이 크고 기이하시도다.
만국의 왕이시여 주의 길이 의롭고 참되시도다.
주여 누가 주의 이름을 두려워하지 아니하며 영화롭게 하지 아니하오리이까
오직 주만 거룩하시니이다.
주의 의로우신 일이 나타났으매 만국이 와서 주께 경배하리이다.

(계 15:3~4)

Lord God, Almighty, what the Lord is doing is big and amazing.
Lord, Lord of the peoples, the way of the Lord is righteous and true.
Lord, who will not fear you? Who will not praise the name of the Lord?
Only the Lord alone is holy.
All nations will come and worship the Lord. For the righteous deeds of the Lord have appeared.

(Rev 15:3~4)

말씀사랑(Love of the word)

초판인쇄 · 2017년 8월 28일
초판발행 · 2017년 9월 01일

글쓴이 · 서주향
발행인 · 황경자
발행처 · 도서출판 두돌비
주 소 · 서울특별시 중랑구 동일로 107길 12
전 화 · (02)964-6993 / Fax (02) 2208-0153
등 록 · 제 5-485호
메 일 · http://www.153books.co.kr

ISBN 978-89-85583-64-0

정 가 : 10,000원

* 이 책에 인용된 한글 성경은 개역을 사용하였습니다. 이 책에 일부 인용된 영어 성경은 다수 번역을 사용하였습니다. 이 책의 저작권은 저자가 소유하고 있습니다. 저자와 출판사의 사전 승인없이 내용이나 그림등을 복제, 사용할 수 없습니다.

* 파본은 교환해 드립니다.